JN411439

중국 국유기업의 직원참여제도에 관한 고찰

전
안
영 全晏瑩 QUAN Yanying

중국 출생
2016년 서울대학교 법과대학 일반대학원 졸업
현재 중국에서 기업 법무로 근무 중

아시아태평양법
연구시리즈 4

중국 국유기업의 직원참여제도에 관한 고찰

전안영

민속원

머리말

우선 이 논문의 작성에서 발간에 이르기까지 과정에서 도움을 주셨던 모든 분들께 진심으로 감사드립니다.

당시 논문 주제를 선정하면서 단지 중국 회사법상 특유의 제도를 다른 나라 분들에게 소개드리고 싶었고, 그 과정에서 제 자신도 조금 더 배우려는 단순한 목적에서 시작된 이 논문이 발간까지 된다고 하니 신기한 감정이 앞섭니다.

사실 이렇게 많은 분량의 문장을 한국어로 작성하는 것은 처음이여서 여러 어려움을 겪기도 하고, 그 어려움을 이겨내기도 하면서 완성된 논문이라 애틋한 상대이기도 하지만 그와 동시에 많이 부족하다는 것도 알고 있습니다. 그래도 필요한 분들에게 이 논문이 조금이라도 도움이 될 수 있었으면 하는 것이 제 작은 바램입니다.

전안영

차례

01

서론

제1절
연구배경 및 연구목적

I. 연구배경

회사의 재정적 기초는 물적자본이고 물적자본을 제공하는 주주는 회사에 대해 절대적인 지배권을 가진다. 따라서 회사는 주주이익을 최고의 목표로 하며 회사의 기관인 이사회와 감사위원회는 주주의 위탁을 받아 주주이익을 위해 회사를 경영하고 회사의 경영활동을 감독함으로써 그 지배구조를 형성하는 것이 전통적인 회사법이론이었다. 하지만 19세기말 독일에서 직원참여의 개념과 관련 입법이 최초로 출현하여 20세기 이후에 제도가 확립되었고, 아울러 경제민주주의이론과 인적자본이론을 비롯하여 전통적인 회사법이론과는 반하는 이론들이 제기되었다. 그에 따라 기업에서의 직원의 작용은 날로 그 중요성이 부각되었으며 직원의 권리에 대한 사람들의 관심도 집중되기 시작하였다. 이런 상황에서 노사관계를 완화하고 직원의 이익을 보호하는 동시에 기업지배구조를 개선할 수 있는 직원참여제도는 자연스레 각 나라의 주요한 관심사로 떠올랐고 직원참여에 관한 여러 제도도 활발히 실행되기 시작하였다.

중국도 마찬가지이다. 신 중국이 건립된 이래 중국은 늘 노동자계급이 국가와 사회의 주인이라는 이념을 견지해 왔고 이는 국유기업에서도 찾아볼 수 있다. 국유기업은 계획경제시절의 국민경제에서 압도적인 지위에 있었으며 직원은 이러한 기업 중에서 주인의 신분으로 기업관리에 참여하여왔던 전통이 존재한다. 그러나 중국은 1978년부터 개혁 · 개방정책을 진행하면서 점차 고도로 집중된 계획경제체제에서부터 개방된 시장경제체제로의 변화를 맞이하였다. 그 후 국유기업개혁과 기업제도의 개혁을 거치면서 다양한 유형의 회사와 그에 따른 입법이 생겨나게 되었고 기업에 대한 직원의 참여권한도 큰 변화를 겪었다. 개혁 전에는 직원이 기업의 주인이라는 전제 하에 기업경영에 깊이 참여할 수 있었다. 그러나 기업개혁의 결과 현대기업으로 전환된 국유기업의 직원은 더 이상 기업의 주인이 아니라 기업과 노동계약을 맺은 피고용인이라는 신분에 불과하므로 기업경영에 대한 참여도 제한될 수밖에 없다. 물론 직원의 경영참여가 사라진 것은 아니다. 기업개혁을 통해 새로운 제도들을 도입하여 실행하고 있으며 현재 회사법에서도 이러한 직원참여제도들에 대해 여러 가지 새로운 규정을 하고 있다. 그러나 현대기업제도 하에서 구체적이고 명확한 입법의 결여와 함께 실제 상황에서의 적용이 쉽지 않아 예전에 비해 직원참여가 어려움을 겪고 있어 부단한 노력과 개선이 필요할 것이다.

Ⅱ. 연구목적

위에서 제기한 바와 같이 기업개혁을 거친 뒤 중국 국유기업의 직원민주참여제도는 다양화를 향해 발전하고 있으며 참여의 방식은 주로 정보참여信息參與, 회사기관 참여機構參與, 그리고 지분참여股份參與로 나눌 수 있다.[1] 이 몇 가지 참여방식은 각자 직원대표대회제도, 직원이사 · 감사제도, 직원지주제도의 형태로서 그 역할을 하고 있다.

따라서 본 논문은 이 몇 가지 제도가 중국의 국유기업에서 어떻게 발전하고 실현되고 있는지, 그 과정에서 법률규정과 규정의 적용에서 어떠한 문제점들이 존재하는지에 대해 검토하고, 문제점을 해결함으로써 제도의 발전을 더욱 도모할 수 있는 방법에는 어떤 것들이 있는지에 대해 입법론적인 측면에서 검토하여 논의를 전개하려 한다.

제2절 연구구성

본 논문은 총 6장으로 다음과 같은 순서로 구성된다.

제1장은 서론으로서 연구의 배경 및 목적, 그리고 구성에 대해 기술한다.

제2장에서는 중국 국유기업의 전반적 상황을 설명한다. 우선

1· 권혁재, 「중국 회사법상 종업원 경영참가제도 연구」, 『국제지역연구』 제9권 제2호, 5쪽.

국유기업의 개념, 특징과 유형 등 일반적인 이론을 간단히 소개하고 개혁 · 개방정책을 실시함에 따라 진행하게 된 국유기업개혁과 개혁을 거친 기업의 현황에 대해 서술하며 개혁이 국유기업의 지배구조에 대해 어떠한 영향을 끼쳤는지 개괄적으로 설명한다.

제3장에서는 주로 중국 국유기업 직원참여제도에 대한 입법현황을 설명한다. 먼저 직원참여제도의 일반론과 이러한 제도가 형성하게 된 이론적인 근거를 제기하고 중국법상 직원참여제도에 관한 규정들을 총괄적으로 살펴본다.

제4장에서는 중국의 가장 대표적인 직원참여제도인 직원대표대회제도에 대해 설명한다. 직원대표대회제도는 중국에서 형성된 시간이 가장 길고 큰 변화를 겪은 제도인바 이 부분에서는 우선 제도의 일반이론과 입법현황, 그리고 현 제도와 과거의 제도의 차이점에 대해 간단히 설명한다. 또한 실제 사례를 통해 제도의 변화에 대한 이해를 돕고 현재 제도의 실행현황과 그 중 존재하는 문제점을 제기하고 개선방향을 제시한다.

제5장 및 제6장에서는 직원이사 · 감사제도, 직원지주제도에 대해 각자 고찰하는데, 역시 먼저 제도의 개관에 대해 알아보고 구체적인 입법현황과 함께 실제 운영사례를 소개하면서 제도의 문제점과 약간의 비교법적인 검토를 통해 개선방향에 대해 제시하도록 한다.

마지막 제7장은 결론으로서 전술한 내용을 재정리하면서 중국법상 직원참여제도와 직원 권리보호에 대한 개선방안을 간단히 제기한다.

02
중국 국유기업 개관

제1절
국유기업의 일반이론

I. 국유기업의 개념

대부분 국가들은 모두 국유기업을 운영하고 있다. 다만 해당 국가의 정치 및 정부구조, 역사, 배경 등 구체적인 상황에 따라 국가기업들은 서로 다른 모습을 하고 있으며 그 명칭도 국유기업 state-owned enterprise, 공기업 public enterprise, 공공기관 public institute, 공익사업체 public undertaking 등으로 다르게 불리고 있다. 이러한 개념들은 그 정의나 범위가 구분되지만 중첩되는 부분도 상당하다. 그들은 대체로 국가의 소유와 영리성, 그리고 사회공익성을 핵심요건으로 보고 있다. 즉 ①모두 국가가 기업에 대한 일부 또는 전부의 소유권을 가지고 있고, ②일정한 영리성을 지닌 주체이며, ③정부의

정책적인 것을 기업 활동의 주요목적으로 하거나 최소 광의의 공공성을 목표로 하는 것이다.[1]

중국의 국유기업은 과거 중국 경제발전에서의 중요한 행위자였을 뿐만 아니라 지금도 여전히 중국 국민경제의 중요한 주체이며 앞으로도 비중 있는 역할의 담당자로 여겨진다. 국유기업이란 명칭으로부터 알 수 있듯이 중앙 혹은 지방 정부가 투자하고 그에 대해 소유권자의 권익을 가지고 있는 기업이다.[2] 국유기업이라 불리기 전 중국에서는 국영기업이라는 명칭을 사용하였다.[3] 하지만 경제 체제의 개혁이 진행되면서 국유재산의 소유권과 경영권은 분리되기 시작하여 국영기업이란 명칭은 점차 적절치 못하게 되었고, 이에 1980년대부터 여러 학자들은 다른 이름으로 국영기업을 대체할 것을 주장하였다. 1986년의 민법통칙은 처음으로 "전민소유제기업"이란 단어를 사용하면서 국영기업 명칭의 변화의 시작을 알렸고 1988년에는 정식으로 중화인민공화국전민소유제공업기업법中華人民共和國全民所有制工業企業法(이하 기업법)을 제정하였다. 그 후 1993년 제8차 전국인민대표대회에서 통과한 헌법수정안에서 '국유기업'이란 명칭을 사용할 것을 제기했다. 기업법의 규정에 따르면, 전민소유제기업(국유기업)은 생산수단이 전체 인민의 소유에 속하고 법률에 따라 자주적으로 경영하고 스스로 위험을 부담하며 독립적으로 정산核算하는 사회주의 상품의 생산과 경영을 진행하는 단위를 가리킨

1· 김인식, 「중국 국유기업과 한국 공기업 개념의 비교 연구－양국 현행법 규정을 중심으로」, 『중국연구』 제64권, 246쪽.

2· 史際春, 『國有企業法論』, 中國法制出版社, 1997, 10쪽.

3· 1982년 중화인민공화국헌법 제16조
국영기업은 국가의 통일적인 지도에 복종하고 국가계획의 전면적인 완성의 전제 하에, 법률이 규정한 범위 내에서 자주적으로 경영관리를 진행한다.

다. 즉 기업의 재산권의 권리주체는 전체 인민이라고 할 수 있다. 다만 공민 개인이 재산권을 행사하기에는 현실적으로 어려움이 있으므로 국가가 인민을 대표하여 기업경영의 과정에서 소유권자로서의 권리를 행사해오고 있었다.[4]

하지만 시장경제가 발전함에 따라 주식제가 광범위하게 발전하였고 많은 국유기업들도 주식제도를 도입하면서 국유기업의 개념을 새로 정의하는 것은 불가피하게 되었다. 우선 국제적 관행에 따르면 한 기업에서 국유자본의 비율이 50%이상을 차지하는 경우에 이 기업은 국유기업으로 분류된다. 하지만 세계은행의 구분에 의하면, 국유자본의 비율이 50%이상을 차지하는 경우를 제외하고 국유자본의 비율이 25%이상을 차지하는 동시에 기타 자본비율이 50%미만인 경우, 국유자본의 비율이 10%이상을 점유하고 기타 자본비율이 5%미만인 경우의 기업도 국유기업이라고 규정하고 있다.[5] 실제로 여러 선진국들에서는 국유자본의 비율이 50%미만이라 할지라도 구체적인 정황에 따라 국유기업의 범위를 정의하고 있다.[6]

따라서 필자는 국가와 정부가 자본관계를 통해 그 지배력 또는 통제력을 행사할 수 있는 기업을 국유기업으로 보는 것이 적합하다고 본다. 구체적으로 말하면 국유자본의 비율이 50%이상인 기업뿐만 아니라 국유자본의 비율이 50%미만인 기업에 대해서 다음

---

4. 송인방 · 許文日, 「중국 국유기업의 개혁에 따른 정부역할」, 『기업법연구』 제21권 제1호(통권 제28호), 328쪽.

5. 김인식, 앞의 논문, 254쪽.

6. 독일은 정부의 지분이 25%이고 기타 주주가 모두 소주주주인 대기업을 국유기업으로 분류하였고, 싱가포르의 국유지분 지배회사에서도 국유자본의 비율은 10%정도이며, 유럽공동체 위원회에서는 "정부가 기업에 대한 소유권, 지배권 혹은 관리조례를 통해 기업에 대해 직접적 또는 간접적인 지배적 영향을 끼칠 수 있는 기업"은 모두 공기업에 속한다고 규정하였다.

과 같은 경우에 국유기업으로 여길 수 있다.[7]

첫째, 기업에 대해 주주들의 출자비율이 비슷하고 모두 50%를 초과하지 않을 경우, 만약 국유자본이 25%이상이라면 그 기업은 국유기업이라고 할 수 있다.

둘째, 주권이 상당히 분산되어 있는 상황에서 국유자본의 출자자를 제외한 기타 주주들이 모두 대중이거나 그 지분이 5%미만인 소수주주일 경우인 동시에 국유자본의 비율이 10%이상일 시에는 그 기업을 국유기업으로 정하는 것도 고려해 볼 수 있다고 본다.

상술한 내용에 따라 국유기업의 개념에 대해 간단히 정리해보면, 국유기업은 국가가 투입한 자본이 기업자본의 전부 또는 중요한 일부를 형성하고, 국가가 직접적이거나 간접적으로 통제하는 기업을 가리킨다.

Ⅱ. 국유기업의 특징

영리의 목적을 가지고 경영활동에 참가하거나, 법에 의해 설립되고 자기의 구조체계가 있는 것은 국유기업을 포함한 모든 기업들이 가지고 있는 특징이다. 따라서 이 부분에서는 이러한 특징을 제외한 국유기업만이 지니고 있는 특징에 대해 토론하고자 한다. 특수한 기업으로서의 국유기업은 사회공익성과 영리성이라는 이중의 특징을 지니고 있는데,[8] 이러한 특징을 지니게 된 이유는

7· 史際春, 앞의 책, 13쪽.

8· 杜煒, 「國有企業法人治理結構完善之硏究」, 西南政法大學 碩士學位論文, 2008, 6쪽.

국유기업의 기능으로부터 유추할 수 있다.

첫째, 국유기업은 경영조직으로서 영리성은 기본적으로 내재되어 있는 특성이라고 할 수 있다. 기업이라면 투자자의 투자를 유도할 수 있는 증자기능이 있어야 하며 국유기업도 예외가 아니다. 국유기업이 자본경영활동을 하고 있는 한 반드시 일정한 경제적인 이익을 얻음으로써 증자의 기능을 실현하여야 할 것이다.

둘째, 국유기업은 동시에 사회공익성도 지니고 있다. 전민소유제기업으로서의 국유기업은 국가가 인민을 대표하여 그 소유권을 가지고 경영수익의 지배를 책임져 사회를 위해 봉사하고 사회복지를 보장한다. 따라서 국유기업은 정부가 시장을 조절하고 관여하는 하나의 수단이라고도 볼 수 있을 것이다. 시장경제에서 시장은 자원을 배분하는 중요한 수단이지만 유일한 수단은 아니며 보조적 수단이 필요한데, 국유기업이 바로 그 보조적 수단으로써의 작용을 하는 것이다.[9]

물론 국유기업의 유형에 따라서, 또 시기에 따라서 이 두 가지 특징 중 한 가지에 조금 더 치중되는 경우가 있기도 하고, 사회공익성과 영리성이 똑같이 중요한 경우가 있기도 하다. 때문에 마르크스 · 레닌주의에서 제기한 "구체적인 문제는 구체적으로 분석해야 하는" 원칙에 따라 서로 다른 국유기업에 대해서는 실제 정황에 입각하여 서로 다른 정책을 적용하여야 한다.

한편 국유기업의 개념으로부터 알 수 있듯이, 국유기업은 사회공공성과 영리성뿐만 아니라 행정성行政性도 지니고 있다. 국가기업의 운영과 국가자산 관리정책 사이에는 필연적으로 연관이 존재하

9· 咎淑珍, 『國有企業市場化與法律理念研究』, 北京經濟管理出版社, 2005, 29쪽.

며 따라서 국가기업에 대한 국가와 정부의 관여는 불가피할 것으로 보인다. 다만 국유기업의 이러한 특성은 국유기업의 경영에 있어서 정부의 과도한 참여를 초래함으로써 '관료풍官僚作風'의 창궐과 경영상 손실의 결과에 직면할 수 있으며 결과적으로 직접적 혹은 간접적으로 국가의 재정에 영향을 주게 된다. 이는 국가기업개혁의 진행을 촉진하게 된 원인 중 하나이기도 하다.

Ⅲ. 중국 국유기업의 유형

국유기업은 여러 가지 방면으로부터 분류할 수 있다. 예를 들면 기업이 속하는 업종의 종류에 따라 국유공업기업, 국유금융기업, 국유상업기업, 국유농업기업 등으로 나눌 수 있고, 또 예를 들어 기업이 제공하는 서비스가 사회공익성을 띄는지 여부에 따라 공공사업기업과 비공공사업기업으로도 나눌 수 있다. 법률관계로부터 볼 때 중국 국유기업은 주로 다음과 같이 분류될 수 있다.[10]

1. 일반 국유기업과 특별 국유기업

이는 국유기업의 가장 기본적인 구분으로 적용하는 법률의 성질과 범위에 근거하여 일반 기업법의 조정을 받는 기업과 특별법 혹은 행정명령 및 정책의 조정을 받는 기업으로 나뉜다. 일반 기업법의 조정을 받는 국유기업은 주로 기업법과 회사법 및 관련 법규

10· 史際春, 앞의 책, 46~50쪽 참조.

를 적용하는 국유기업을 가리킨다. 이 부류의 국유기업은 영리성, 경쟁성 및 상업성商事性을 지니고 있으며 직접 생산과 경영활동에 종사한다. 특별법 혹은 행정명령 및 정책의 조정을 받는 국유기업은 주로 군사, 항공 등 특수임무를 맡은 기업과 일정한 관리기능을 수행하는 회사로서 기업법과 회사법을 그대로 적용하기에는 적절하지 않다.

일반 국유기업은 기타 민영기업民營企業과 마찬가지로 기업의 영리와 자본의 증식을 목표로 하여 법에 따라 일반적인 시장주체로서 시장경쟁에 참여하며 어떠한 정책상의 의무를 부담하지 않는다. 국가도 이러한 기업에 대한 직접적인 행정 통제를 완화하고 단지 일반적인 기업법의 범위 내에서 기업에 대한 감독을 유지한다. 반면 특별 국유기업은 국가의 정책이나 간섭의 영향을 받는 정도가 크고 단순하게 영리성활동에 참여하는 것이 아니라 국가나 사회가 부여한 특정 임무의 제약을 받으며 국가는 기업에 대해 어느 정도 직접적인 영향을 끼칠 수 있다. 또한 정책상 기업이 손해를 입을 경우 국가는 그에 대한 보상을 진행한다.

2. 전통적인 국유기업과 회사형 국유기업

일반 국유기업은 또 적용하는 법률에 따라 전통적인 국유기업과 회사형 국유기업으로 나뉜다. 이는 중국 국유기업 특유의 분류 방식이다. 명칭으로부터 알 수 있듯이 전자는 기업법을 적용하며 후자는 회사법 및 관련 법률법규를 적용한다. 이러한 구분이 생기게 된 데에는 국유기업개혁과 국유기업의 제도혁신과 밀접한 연관이 있다. 회사형 국유기업에는 국유독자회사와 국가가 지배주주인

유한책임회사와 주식유한회사가 포함되고 이들은 모두 현대기업제도의 요구에 따라 운영된다. 반면 전통적인 국유기업은 제도혁신을 거치지 않고 여전히 기업법에 의하여 설립되고 운영하는 국유기업을 가리킨다. 하지만 현재 대부분 국유기업은 개혁을 통해 주식제를 도입하였고 전통적인 국유기업은 그 수가 많지 않은 것으로 알고 있다.

3. 완전한 국유기업과 국가지분참여기업

기업자본 중 국유자본이 차지하는 비중이 전부인지 혹은 일부인지에 따라 국유기업은 완전한 국유기업과 국가지분참여기업으로 나뉜다. 1978년 개혁 · 개방이 시작되기 전 중국에서의 국유기업은 모두 완전한 국유기업, 특히는 행정기관부속으로서의 기업이었다. 현재 완전한 국유기업으로는 전민소유제기업을 제외하고 회사법에 의해 설립된 국유독자회사와 주주가 모두 국유주체로 이루어진 회사도 포함하고 있다. 국가지분참여기업은 주로 국가가 투자권한을 부여한 기관 혹은 국유기업이 집체, 개인, 또는 외국인투자자와 합작하여 경영하는 여러 가지 유형의 기업을 가리킨다.

이러한 구분이 발생하게 된 이유는 공유제와 시장경제가 공동으로 존재하고 서로 융합되는 과정을 겪으면서 국유자산이 자본시장에 진입하게 되었고 따라서 그 시장을 기초로 하여 재배치가 필요한 상황에 직면하게 된 데서 찾을 수 있다. 이런 국면에서 완전한 국유기업에 대한 개혁을 진행함으로써 일반적인 상업기업으로의 변화를 도모하고 그 중 특히 국유자본주체와 비국유자본주체가 합작하여 경영하는 소위 혼합소유제의 국가지분참여기업이 주도적 지위를 차지하도록 하고 있다. 다시 말하면, 시장경제체제의 조건 하에 국유자산을 투자하여 새로운 기업을 설립할 때 특별한 정책이나 기타 고려사항이 없다면 완전한 국유기업을 설립하는 것이 아니라 되도록 국가지분지배기업 또는 국가지분참여기업을 우선적으로 설립하도록 하여야 한다는 것이다.

명시해야 할 점은 위에서 설명한 국유기업의 유형에 대한 구분은 이론상 주도적인 구분일 뿐 사실 중국법상으로는 아직까지 명확한 규정이 없다. 다만 유사한 개념으로 2009년부터 시행된 중화인민공화국기업국유자산법中華人民共和國企業國有資產法(이하 국유자산법)에서 찾아볼 수 있다. 동법은 국가출자기업이란 명칭을 사용함으로써 국유기업에 대해 그 범위를 제시하는바, 그 내용에 따르면 국가출자기업이란 국가가 출자한 국유독자기업國有獨資企業[11], 국유독자회사國有獨資公司[12], 국유지분지배회사國有資本控股公司, 국유지분참여회사國有資本參投公司를 포함한다.(동법 제5조) 따라서 국유기업은 광의의 국유기업과 협의의 국유기업으로 나눌 수 있는데, 협의의 국유기업에는 전민소유제기업과 국유독자회사가 포함되고 광의의 국유기업은 협의의 국유기업과 국유지분이 지배적인 비중을 차지하는 회사 및 기업을 포함하며 본 문에서 설명하는 국유기업의 유형은 이 개념을 따르도록 한다.

---

11 전민소유제기업을 뜻한다.

12 중국에서 회사(公司)란 유한책임회사와 주식회사 등 회사법에 의하여 법인격을 갖는 기업법인을 가리키며, 기업(企業)은 회사를 포함하여 조합기업법 등 기타 법률에 의하여 설립된 기업실체를 가리키는 것으로 보다 넓은 범위라고 할 수 있다.

제2절
중국의 국유기업개혁[13]

I. 국유기업개혁의 연혁

예로부터 중국 경제체제에서의 국유기업의 중요한 지위와 작용은 명백한 일이다. 하지만 기업에 대한 정부의 간섭이 과도하게 많았을 뿐만 아니라 경영실적에 대해서는 국가의 보조가 있었기 때문에 기업의 경영자들은 기업사업의 구축이나 기업의 활성화에 대해 소극적이었다.[14] 동시에 국유기업 자체가 지니는 특성으로 인해 경영효율저하의 문제도 점차 선명해졌고, 이러한 정황 하에서 중국 국유기업은 일련의 개혁과 탐색을 진행하기 시작해야 하는 필요성이 절실했다. 이리 하여 시작된 국유기업개혁은 1979년부터 총 여러 단계에 걸쳐 절차적으로 이루어졌다.

우선 개혁의 제1단계로 1979년부터 1984년까지의 기업자주권 확대단계이다. 1979년 7월, 국무원은 개혁관리체제의 시행試行을 진행하면서 개혁의 서막을 열었다. 이 시기 개혁의 목표는 정부와 기업의 분리를 점차적으로 진행하기 시작하고 기업의 자주권을 확대하며 기업으로 하여금 상대적 독립성을 지닌 사회주의 경제단위로 되게 하는 것이다.[15] 초기 개혁은 이러한 목표 아래서 시장매커니즘을 도입함으로써 상품관계를 발전시키는 것을 기본적인 대책으로 하였으며 그 구체적인 조치로는 放權讓利(정부로 하여금 기업에 대한

13· 공기업의 민영화라고도 할 수 있다.
14· 송인방 · 許文日, 앞의 논문, 331쪽.
15· 『三中全會以來重要文獻選編』, 人民出版社, 1982, 963쪽.

권리를 어느 정도 완화하여 기업의 자주경영권을 강화하고 기업에 일정한 이윤을 넘겨줌으로써 기업 자체의 자본으로 활용하도록 하는 것)의 방법을 취했다. 하지만 당시 확고한 공유제를 실행하고 있고 계획경제 체제를 완전히 벗어나지 못했던 중국의 상황에서 이러한 제도의 실시는 긍정적인 반응을 얻지 못했다.

그러던 중 1984년 중국공산당 제12기 제3차 회의로부터 개혁의 제2단계가 시작되었는데 경영책임제를 건립하는 것이 이 시기 개혁의 주요 특징이라고 할 수 있다.[16] 이 회의에서 통과된 '경제체제개혁에 관한 중공중앙의 결정'은 양권분립(소유권과 경영권의 적당한 분리)을 명확히 하면서 '국영기업이 자주적으로 경영하고 스스로 손실을 부담하는 사회주의상품의 생산자와 경영자로 됨으로써 자기개조와 자기발전의 능력을 지닌 일정한 권리와 의무를 부담하는 법인으로 되게 하는 것'을 기대한다고 선언하였다. 1984년 국유기업은 공장장(경리)책임제를 추진하기 시작하여 1988년 말까지 공장장책임제를 시행하는 기업은 83.2%에 이르렀고, 또 1986년부터 兩步利改稅(두 단계로 나누어 국영 기업이 원래 국가에 상납하던 이윤을 납세로 전환한 제도)를 계기로 하여 도급경영承包[17], 임대 등 방법을 통해 소유권과 경영권이 분리된 국유기업개혁이 전국적으로 시행되기 시작하였다. 1988년에 이르러서는 91%정도의 대·중형 국유기업이 여러 가지 도급경영책임제를 실시하고 있었다. 동시에 발전이 비교적 빨랐던 동부 연해지역의 일부 국유기업은 주식제의 시행을 시작하기도 하였다. 또한 1988년 기업법을 공포 및 실행하게 되면서 처음으로 양권분립의 원칙을 법률의 방식으로 명확히 하였고 "기업은 국가가 경영 및

16· 胡強仁, 「國有企業改革思路探索」, 『企業文化』, 2004.6, 48쪽.

17· 청부책임제라고도 함.

관리하도록 수여한 재산에 대해 점유, 사용과 법에 따라 처분할 권리를 가지며", "기업은 법에 따라 법인의 자격을 취득하고 국가가 경영 및 관리하도록 수여한 재산에 대해 민사책임을 진다."고 규정하였다. 이로써 기업법은 국가가 국유기업에 대해 부담하는 무한책임을 해제하고 궁극적으로 국유기업 법인제도를 확립하였다.[18]

그러던 중 1993년을 기준으로 국유기업개혁은 혁신적인 변화를 가져오게 된다. 우선 1992년 10월 중국공산당 제14차 전국대표대회中國共産黨第十四屆全國代表大會에서 사회주의시장경제체제의 수립을 중국경제체제개혁의 목표로 정했고, 1993년 11월 중국공산당 제14기 제3차 회의中國共産黨第十四屆三中全會에서는 '중국공산당의 사회주의시장경제수립의 약간의 문제에 관한 결정'을 의결하여 국유기업개혁의 목표로 현대적 기업제도의 수립을 선언하였으며 이로부터 본격적인 기업의 개혁이 시작되었다.[19] 중국 국유기업이 지향하는 현대기업제도의 특징으로는 ①국가의 국유자산 소유권과 국유기업의 법인재산권의 구분, ②기업의 자주경영과 독립채산 및 유한책임, ③출자자의 소유자로서의 권리와 유한책임, ④시장지향, ⑤기업과 정부의 분리, ⑥시장경쟁과 적자생존, ⑦과학적인 기업지배구조와 조직관리 등을 들 수 있으며,[20] 조건을 구비한 대・중형 국유기업들이 유한책임회사有限責任公司 혹은 주식회사股份有限公司로 구조 개편할 것을 적극 지지했다. 특히 1993년 제정하고 1994년부터 시행한

18・ 徐曉松, 『公司法與國有企業改革硏究』, 法律出版社, 2000, 165쪽.

19・ 정용상, 「중국법상 국유기업의 회사화와 주식회사의 설립」, 『비교사법』 제10권 3호(통권22호), 388쪽.

20・ 고재종, 「중국 국유기업의 민영화 개혁을 중심으로」, 『평화학연구』 제14권 5호, 2013, 256쪽.

중국 회사법은 국유기업개혁의 추진에 적극적인 역할을 하였는데 이는 현대기업제도로서 국유기업이 주식회사 또는 유한책임회사의 형태로 전환하는 법적 근거를 마련하였다. 이로써 중국의 국유기업개혁은 전반적인 기업제도의 혁신단계에 이르게 되었고,[21] 중국은 현재까지도 규범화한 현대기업제도를 위해 노력에 노력을 더하고 있다.

국유기업의 개혁을 통해 희망했던 궁극적인 목표는 국유기업이 정부기관의 통제와 간섭을 벗어나 충분히 생산 · 경영의 자주권을 가짐으로써 기업 직원의 적극성, 주동성과 창조성을 불러일으켜 기업과 직원의 잠재력을 발휘하고 따라서 국유기업의 생산효율과 경쟁력을 높여 기업이 지속적으로 발전함과 동시에 나아가 국가경제의 발전을 촉진하는 것이라고 할 수 있다. 동시에 단일한 국유기업 재산권형태를 다양하게 발전시켜 출자자의 소유권과 기업법인의 경영권의 분리를 실현하고 나아가 정부와 기업이 분리됨으로써 기업이 행정기관에 의존하는 현상을 변화시키고 독립적이고 자주적인 시장경쟁의 주체로 발전시키려는 것도 있다.[22]

이러한 개혁이 진행됨에 따라 사람들은 점차 국유기업 지배구조의 중요성을 느끼게 되었고 중국도 국유기업 내부지배구조의 전면적 건설에 나섰다.

21· 송인방 · 許文日, 앞의 논문, 337쪽.

22· 杜煒, 앞의 논문, 11쪽.

Ⅱ. 중국 국유기업 지배구조의 변화

국유기업의 역사를 돌아볼 때 국유기업개혁은 하나의 분수령이라고 볼 수 있다. 따라서 이 부분에서는 국유기업개혁을 기준으로 개혁 이전의 국유기업의 지배구조, 그리고 개혁을 진행한 후의 발전연혁에 따른 국유기업의 지배구조의 변화를 연구하도록 한다.

1. 전통적인 기업제도에서의 국유기업 지배구조

(1) 1978년 이전의 지배구조

고도로 집중된 계획경제체제 하의 국유기업은 현대기업제도가 아닌 공장제도를 실행하는 기업으로서 진정한 의미의 기업은 아니다. 하지만 이 시기의 국유기업은 자신만의 지배구조와 상응한 감독과 격려 · 제약시스템이 존재하고 있었다. 기업개혁을 진행하기 전 중국 국유기업은 구소련으로부터 도입한 국가가 소유하고 국가가 경영하는 집권의 방식을 취하고 있었으며 국유기업은 단지 국가정권기관에 부속되는 하나의 "공장"이었다. 전통적인 공장제도에서의 재산권구조의 특징은 다음과 같다.[23]

첫째, 국가는 국유자산의 유일한 재산권 주체로서 재산의 점유는 고도로 집중되어 있으며 기업은 전혀 점유권이 없었다.

둘째, 통일된 재산권의 구조 하에서 국유자산은 하나의 완전체로서 추상적인 전민공유를 실행하고 있었다. 즉 국유자산은 국가

23· 趙凌雲, 「1979-1999年間中國國有企業治理結構演變的歷史分析」, 『中南財經大學學報』, 1999.6, 3쪽.

가 소유, 점유, 지배 및 사용하고 있었다. 비록 기업에서 국유자산에 대한 사용이 있었지만 그 소유권과 경영권은 전적으로 정부와 관련 관리부처에서 통일적으로 행사하고 있었고 기업은 다만 국가의 행정명령에 따라 행동할 뿐이었다. 어떻게 보면 당시의 기업은 독립적인 공장이 아닌 정부의 행정경영결정을 집행하는 공장이라고 볼 수 있다.

셋째, 국유자산의 조달은 주로 국가계획, 특히 명령성계획에 따라 진행되었다. 기업의 생산과 경영은 계획의 완성을 그 목표로 하였으며 국가계획의 철저한 제약을 받았다. 국가는 미 부분에 대해 구체적이고 분해된 계획을 세운 뒤 자원을 여러 미시적 경제조직에 배치하였고 그 과정에서 행정수단을 사용함으로써 그 진행을 촉진하였다.

넷째, 재산권의 유일한 주체가 국가라는 점과 맞물려서 재산권으로부터 얻는 수익 역시 모두 국가에 속한다. 이로써 기업에 대해서 통일적인 수입과 지출을 적용하며 기업은 손익을 불문하고 그 결과는 모두 국가에 의존하여 해결하며 기업 자체에는 경제이익이 없다는 것을 알 수 있다.

상술한 재산권의 특징으로부터 알 수 있듯이 전통적인 국유기업의 지배구조는 필연적으로 단일할 수밖에 없다. 하지만 단일한 지배구조라 할지라도 여러 단계에 걸쳐 변화를 가져왔는데 구체적으로 다음과 같다.[24]

첫 번째 단계는 1949년부터 1952년까지의 민주관리위원회의 구성이다. 민주관리위원회는 당시 기업의 권력기관으로서 공장장이

24· 趙凌雲, 위의 논문, 3~4쪽 참조.

위원회 주석을 맡았으며 직원대표는 위원회 인원수의 절반을 차지한다. 위원회의 주요한 업무는 기업의 중대한 사안을 토론하며 기업행정에 대해 감독을 진행하는 것이었다.

두 번째 단계는 1953년부터 1957년까지의 一長制의 실행이다. 一長制는 행정지도자책임제도로서 구소련에서 실행했었던 관리원칙과 지도방법의 일종이었다. 국가기관과 기업지도자에게 직책에 따른 광범위한 권력을 제공함과 동시에 그 결과로 인한 개인의 책임을 결정짓는 것이 구체적인 내용이고 그 목적은 기관과 기업의 관리를 강화하고 기업에 대한 책임자의 관리와 직원의 관리를 조화적으로 결합시키는 데 있다.

세 번째 단계는 1958년부터 1960년까지의 당위원회[25] 서기의 지도제도이다. 이 시기지배구조의 특점으로는 중국공산당 위원회(이하 당위원회)가 직접 기업을 관리하고 따라서 당위서기가 국영기업행정의 최고지도자로 되는 것이다. '큰 권리는 독점하고 작은 권리는 분산하는' 원칙("大權獨攬, 小權分散" 原則)을 적용하면서 기업 내부의 각 계 행정책임지도자들을 모두 파면하여 기업의 행정사무를 당조직에서 독단으로 처리하게 되었다.

네 번째 단계는 1961년부터 1965년까지의 당위원회의 지도를 받는 공장장책임분담제이다. 1961년 이후 국유기업의 지도체제에 대해 일정한 조정을 진행하였는데 바로 당위원회의 지도하에서 공장장책임분담제를 실시하는 것이다. 구체적으로는 당위원회가 전체적으로 지도하고, 당위원회 위원이 분담하여 책임지는 것이었는데 실제로는 모두 당위원회 위원인 공장장과 부공장장이 각자 분

25 · 중국공산당 위원회의 약칭.

담하여 책임졌던 관계로 지휘가 분산되고 서로 조절이 안 됨으로 인해 결과적으로 당위원회가 통일적으로 관리하게 되었다.

다섯 번째 단계는 1966년부터 1978년까지로서 이 시기에는 당의 통일적인 지도가 있었다. 1967년부터 국유기업에 대해 군사적 관리를 진행하였고 기업을 관리하는 당과 정부의 대표는 군대표가 담당하게 되었으며 상당수의 국유기업은 군사 편제에 따라 노동조직을 안배했으며 기업의 최고 권력기관은 군대표였다. 국가의 통일적인 지도에 따라 국유기업은 혁명위원회라고 하는 임시 권력기관을 설치하여 기업에 대해 전면적인 지도를 진행하였다. 국유기업 내에서 당조직이 점차 회복되고 형성됨에 따라 국유기업들은 잇따라 당위서기를 다시 두게 되었고 당위서기는 그 능력과 직급이 공장장보다 더 높았다. 이로써 국유기업에 대한 지도체제는 사실상 당위원회 책임제로 되었고 이때까지도 국유기업은 생산경영을 중심으로 한 체제를 실행하지 않았다.

(2) 1979년-1992년까지의 국유기업 지배구조

우선 1979년 국무원은 '국영기업의 경영관리자주권을 확장하는데 관한 일부 규정'을 발표하여 국유기업에 생산경영, 직원임용을 비롯한 일부 자주권을 부여하였다. 이 시기 개혁의 기본노선은 고도로 집중된 계획경제관리체제를 개혁하기 시작하면서 기업에 대한 행정기관의 권한을 다소 해제하고 국유기업의 자주적인 경영관리를 확대함으로써 기업을 활성화시키는 것이었다. 하지만 이때까지도 기업지배구조에 대한 문제는 제기되지 않았고 국유기업은 여전히 당위원회의 전면적인 통제를 받고 있었다.

그 후 1984년부터 1992년까지는 국유기업개혁은 전면적인 발전

단계로 들어서게 되었고, 중국공산당 제12기 제3차 회의에서 '경제체제개혁에 관한 중공중앙[26]의 결정'을 통과하고 그 후 민법통칙과 전민소유제공업기업법 등 법률을 잇따라 통과하면서 국유기업은 법인으로서의 권리능력과 행위능력이 진일보 강화되었다. 이 시기 개혁의 기본노선은 정부와 기업의 분리와 소유권과 경영권의 분리이며 국유기업이 독립자주적인 경영권을 가지는 것이 그 주요 목표였다.

현대기업제도를 수립하기 이전에 중국 국유기업은 전통적인 기업제도 하에서 경영을 이어나갔는바, 전통적인 기업제도는 새 중국이 건립되면서 점차적으로 발전한 것이며 이 과정에서 당위원회가 점차 기업에서 지도권을 가지면서부터 국유기업은 "老三會"로 구성된 지배구조를 형성하게 되고 이 지배구조는 현대기업제도를 수립하기 전까지 유지되었다. 老三會는 당위원회, 직원대표대회, 공회[27]를 가리키며 이는 전통적인 기업제도의 핵심이라고 할 수 있다.[28]

老三會에 대해 간단히 살펴보면, 우선 당위원회는 전체 기업의 지도, 행정 및 직원의 보장 등을 책임지며 최고 결정권과 영도권을 가진다. 주요 직책으로는 기업내부에서의 국가정책의 실행을 감독하고 공장장과 경리經理[29]를 도와 기업의 행정사무를 처리하며 인민 군중을 인솔하며 민주관리를 실시한다. 직원대표대회는 민주관리를 실현하는 기본 방식으로서 노동자가 기업을 관리하고 간부를

---

26. 중국공산당 중앙위원회의 약칭.
27. 중국의 노동조합을 일컫는 말이다.
28. 彭海瑋, 「關於 '新三會' 與 '老三會' 關係的探討」, 『法制與經濟』, 2014.2, 82쪽.
29. 경영 관리 책임자를 뜻한다.

감독하는 권력기관이다. 그 주요 직책으로는 국가, 기업 그리고 직원 사이의 관계가 조화로울 수 있도록 처리하고 기업의 경제적 효익을 높이기 위해 힘쓸 수 있도록 직원을 동원하는 역할을 하며 직원의 합법적인 권익을 수호한다.

공회는 직원이 자발적으로 구성한 노동자계급의 조직으로서 직원을 대표하여 고용자 측과 직원의 월급, 근무시간, 근무조건 등에 대해 협상을 진행하며 집단노동계약을 맺는다. 또한 노동안전 · 위생조건과 기업이 관련 법률법규를 준수하는지 여부에 대해서도 감독함으로써 기업민주관리에 참여하는 것이 그 주요 직책이다. 직원의 합법적인 권리가 침해당했을 경우 공회는 그에 대한 이의를 제기할 수 있으며 직원을 대신해 기업과 교섭을 진행할 수 있다. 공회와 직원대표대회 사이에는 밀접한 연관이 존재하는데 그 관계는 공회법의 규정을 참고할 수 있다. 규정에 따르면 국유기업의 공회는 직원대표대회의 업무기관으로서 직원대표대회의 일상적인 업무와 대회결의의 집행이 진행되도록 감독하고 독촉하는 역할을 하지만 직원대표대회의 권력을 행사할 수는 없다. 다만 관련 부처와 함께 대회를 소집하고 폐회기간에는 일상적인 조직과 함께 직원대표대회 또는 대회의 의장단이 맡긴 업무를 처리할 수 있다. 그 밖에도 공회는 직원대표선거를 조직하고 직원대표의 양성을 책임지며 직원대표대회의 결의 및 계획안의 집행과 실현상황에 대해 감독을 진행하는 등 역할을 하고 있다. 현재 직원이사 · 감사제도의 실행에 있어서도 공회 주석은 일반적으로 직원대표로서 이사회의 구성원이 되고 공회 부주석은 직원감사가 되는 등 경로를 통해 직원의 기업경영참여에 힘을 싣고 있다.

여기서 한 가지 언급해야 할 것은, 이 시기에 비록 정치적 요소와 경제체제의 제약으로 인해 여전히 현대기업지배구조에 대한 인식이 결여된 상태였지만, 1988년 기업법에서 공장장을 기업의 법인대표로 정하면서 국유기업의 경영자는 법률상 국유자산의 경영수탁자로 되었으며 국유자산에 대한 위탁대리관계가 형성되기 시작하였다. 또 기업법은 공장장은 관련 부처의 위임 혹은 직원대표대회의 선거의 방식으로 임명된다고 규정하고 기업관리위원회를 설립함으로써 기업의 경영자에 대한 격려, 감독 및 제약을 강화하였다. 이는 기업의 경영자에게 이전보다 넓은 범위의 경영권을 주었다는 것을 의미하고 따라서 사실 기업지배구조의 기본적인 요소는 형성되어 있었다고 볼 수 있다.[30]

2. 현대기업제도 하의 국유기업 지배구조

경제체제개혁의 중요한 일환으로서 국유기업개혁을 추진한 가장 큰 성과는 현대기업제도를 일차적으로 수립하여 원래 정부의 부속물이었던 국유기업이 점차 독립적인 지위를 가진 기업법인으로 변화한 것이라고 할 수 있다.

1993년 현대기업제도의 수립을 국유기업개혁의 목표로 제기한 뒤로 본격적인 기업제도개혁이 시작되면서 조건이 완비된 대량의 국유기업은 유한회사 또는 주식유한회사로의 개조를 진행하였다. 또한 1996년까지 각 지역은 회사법에 따라 원래의 주식회사를 규범화하는 작업을 대체적으로 완성하였다.[31]

30· 趙凌雲, 앞의 논문, 5쪽.
31· 謝淑萍, 「我國國有企業治理結構改革研究」, 『商業經濟』, 2011.8, 36쪽.

현대기업제도를 수립함에 있어서 가장 핵심적인 것은 완전한 기업지배구조의 형성, 즉 주주, 이사회, 경영자 등의 권리와 책임, 그리고 이익을 명확히 하고 이러한 이익당사자사이의 관계를 정리하고 견제할 수 있는 시스템을 건립하고 개선하는 것이라고 할 수 있다. 국유기업에 대한 개혁으로 인해 시장경쟁의 매커니즘을 도입하면서 기업지배구조의 중요성은 점차 선명해졌고 중국은 국유기업 지배구조의 전면적 설립단계에 진입하게 되었다. 국유기업(비회사형 국유기업은 제외)은 회사법의 이념에 따라 기타 국가들의 경험들을 참고하면서 국가를 주요주주로 하고 주주총회, 이사회 그리고 감사회를 형성하는 지배구조를 완성하였으며 중국 국민경제를 받쳐주는 중요한 역량을 발휘할 수 있는 기업으로 발돋움하였다. 다만 한 가지 특수한 점은 국유독자회사는 주주총회를 따로 두지 않고 이사회가 주주총회의 부분 기능을 수행한다.[32]

개혁을 진행하는 과정에서 효율이 높고 규범화한 기업제도를 수립하려면 반드시 국제관행을 따라 기업지배구조를 설립해야 한다는 의견도 있었으나 이에 일부 학자는 老三會는 전통적인 기업제도의 핵심이자 중국 정치제도, 그리고 직원의 민주관리의 구체적인 체현으로서 새로운 기업제도를 수립한다 할지라도 老三會를 쉽게 폐지해서는 안 된다고 주장하고 있다.[33] 중국 회사법도 "회

32· 중국 회사법 제67조
국유독자회사는 주주총회를 두지 아니 하며 국유자산감독관리기관에서 주주총회의 권리를 행사한다. 국유자산감독관리기관은 회사 이사회에 주주총회의 부분 직권을 수권하고 회사의 중대한 사항을 결정할 수 있다. 단, 회사의 합병, 분할, 해산, 등록자본(註冊資本)의 증가 및 감소, 회사채권의 발행 등 사항은 반드시 국유자산감독관리기관이 결정하여야 한다. 그 중 중요한 국유독자회사의 합병, 분할, 해산, 파산신청은 국유자산감독관리기관이 먼저 검토하고 심사한 후 동일 계급의 인민정부에 보고하고 승인을 받아야 한다.

33· 彭海瑋, 앞의 논문, 82쪽.

사조직은 주주총회, 이사회, 감사회로 구성된다"고 규정하는 동시에 회사에서 중국공산당의 조직 활동은 당헌黨章을 따르며 회사의 직원은 법 규정에 따라 공회를 조직하고 공회활동을 진행하며 직원의 권익을 보호한다고 규정하고 있다(동법 제18조, 제19조).[34] 따라서 老三會는 아직 소멸되지 않은 기업조직으로서 현 기업제도와 공존하는 상황이고 이는 기타 국가의 전형적인 기업제도와 차별되는 중국만의 특징이라고 할 수 있다.[35] 따라서 老三會의 현황을 보면 기업에 대한 당위원회의 지배력은 많이 약화되었지만 아직까지 경영결정, 인사관리, 이사에 대한 감독, 경영진과 직원간의 관계를 조절하는 등 여러 방면에서 작용을 하고 있다. 하지만 현대기업제도가 완전해짐에 따라 당조직은 더 이상 고도로 집중된 권리를 행사할 수 없게 되었고 직원대표대회와 공회 역시 직권상 변화를 가져오게 되었다.

3. 중국 국유기업 지배구조 현황의 문제점

현대기업제도를 수립하고 기업지배구조를 형성함으로써 국유기업의 고질적인 문제를 해결하고 어느 정도 모순을 완화하였지

34· 2014년 회사법 제18조 제1항
회사 직원은 중화인민공화국공회법에 따라 공회를 조직하고 공회활동을 진행하며 직원의 합법적 권익을 수호한다. 회사는 응당 공회에 필요한 활동조건을 제공하여야 할 것이고 회사 공회는 직원을 대표하여 직원의 월급, 노동시간, 복지, 보험 등 사항을 포함하여 회사와 집단계약을 맺는다.

2014년 회사법 제19조
중국공산당 당헌의 규정에 따라 회사에 당조직을 설립하고 당활동을 진행하며 회사는 이에 필요한 활동조건을 제공하여야 할 것이다.

35· 중국은 법률로써 당조직과 공회의 설립을 규정하고 있으며 기업 대다수가 당위원회와 공회를 설치하고 있다. 이는 국유기업에만 제한되는 것이 아니라 기타 주식회사와 유한책임회사도 마찬가지이다.

만, 현실적으로 발생하는 문제도 적지 않았다. 기업경영과 지배의 문제에 있어서 각 국가들은 서로 다른 역사 · 문화 · 사회제도 등 요소에 입각하여 오랜 기간을 거쳐 각자의 실정에 맞는 지배구조를 형성해나갔다. 특정 국가의 법률은 그 특정 국가에서만 최상의 효과를 낼 수 있는 법이다. 때문에 설사 선진국의 제도라고 하여도 그 제도가 다른 나라에 옮겨졌을 때 무조건 효율이 높다고 단언할 수 없으며 상응한 조건이 구비되지 않은 상황에서 그대로 도입하여 적용하게 되면 오히려 부작용이 발생할 수도 있다. 이러한 문제는 당시 경제체제의 큰 변화를 겪고 있던 중국에서, 특히 특유의 사회제도를 가장 많이 투영했던 국유기업에서 유달리 특출했다. 가장 주요한 문제점은 다음과 같다.

(1) 정부와 기업의 분리政企分離의 불완전한 실현

2003년 국자위國資委[36] 가 설립되고 국유기업의 재산권은 국가의 소유에 속한다고 법률상으로 규정되었다. 하지만 주식회사화를 거쳤음에도 불구하고 많은 국유기업들은 그 소유권주체가 불명확하다. 실제로 기업의 이사장 혹은 총경리CEO는 여전히 정부가 임명하고 경영권을 정부가 지배하고 있거나, 아니면 국가가 국유기업 주주로서의 권리를 제대로 행사하지 못하고 있어 이사장 혹은 총경리가 국유재산권의 대표로서 활동하고 국유주권은 하나의 형식으로 남아있는 경우가 많다. 즉 어떻게 보면 기업소유자의 '빈자리'가 생겨난 셈이다. 이로 인해 기업의 소유자와 경영자 사이의 책임, 권리 및 의무는 그 구분이 불명확해졌고 국유기업에 대한 정부

36· 국무원 국유자산 감독관리위원회의 약칭.

의 간섭은 여전히 존재하고 있다.

(2) 국유주의 절대적인 지위와 내부인 통제内部人控制 현상

중국 국유기업의 주권의 분포구성을 보면 주로 국가주國家股, 법인주法人股, 그리고 사회대중주社會大眾股[37] 등이 있는데, 여기서 국가주와 법인주 중의 국유법인주를 통틀어 국유주라고 한다.[38] 특히 국유기업에서는 유통할 수 없는 국유주가 주를 이루고 있어 사회대중주의 기업에 대한 영향은 상당히 작으며 사실상 국유주가 절대지배적인 지위에 있다고 볼 수 있다. 이렇듯 특정 주주가 절대적인 지배력을 지닌 경우에 '내부인 통제'는 불가피하게 된다. 구체적으로 보면, 중국 회사법은 결의에 있어서 자본다수결의 원칙을 취하고 있어 이는 지배주주가 주주총회의 결의과정을 통제함으로써 지배주주의 결정이 곧 기업의 결정으로 되고 기업행위가 곧 행정행위가 되는 결과를 초래하게 된다.

(3) 형식적으로 존재하는 기업지배구조

현대기업제도를 수립하면서 국유기업 역시 국가를 주요주주로 하고 이사회, 감사위원회, 경영진 등으로 이루어진 지배구조를 형성하였다. 외관상으로는 3자가 서로 제약하고 그 효과를 보는 듯 하지만 사실상 국유기업 지배구조의 각 구성원은 거의 같은 이해

37· 국가주란 국가투자부처 혹은 기관에서 주식회사에 국유자산을 투자함으로써 형성한 주식이다. 법인주란 기업법인이 지배할 수 있는 기업재산을 주식회사에 투자함으로써 형성한 주식이다. 법인주는 또 국유법인주와 비국유법인주(사회법인주)로 나뉠 수 있는데 이 중 국유법인주가 주도적인 지위를 차지하고 있다. 사회대중주는 모집설립의 방식을 통해 설립한 주식회사가 기업내부직원을 제외한 일반인 대중을 향해 발행한 주식이다.

38· 楊波 · 張從華 · 段飛, 「國有公司股權結構與公司治理機制分析」, 『當代經濟研究』 第12期, 2000, 26쪽.

관계를 지니고 있다고 해도 과언이 아니고 상호 제약의 역할 내지는 지배구조의 원래 효력도 상실하게 되었다. 실제로 모회사 혹은 주요한 자회사의 경영진과 이사직을 겸임하는 경우도 빈번하여 이사회와 경영진 사이의 결정 및 집행시스템은 사실상 무용지물이 되어버렸고 감독체제의 효율도 현저히 떨어지게 된다. 또한 많은 기업들에서 이사회 및 경영진의 구성원은 정부부문이 임명한 것으로서 이들은 모두 같은 '출신'이라고 할 수 있으며, 분담하는 사무가 다를 뿐 모두가 지배자의 위치에 있어 서로 제약하는 데도 어려움이 있다. 이는 감사회도 별다른 상황이 아니다. 특히 국유독자회사의 이사는 절대다수가 내부인으로 구성되었으며 옛날 기업의 경영관리에 있어서의 구식의 이념이 여전히 작용을 발휘하고 있다. 이에 일부 학자는 "국유기업의 지배구조는 내부인 통제와 당과 정부기관 개입이 혼합된 결과물"이라고 지적하였다.[39]

(4) 新三會와 老三會의 충돌

국유기업의 제도개혁을 진행하고 현대기업제도를 수립하면서 기업지배구조의 설정에 있어서 가장 큰 난제는 新三會(주주총회, 이사회, 감사위원회)와 老三會(당위원회, 공회, 직원대표대회) 사이에서 어떻게 조화로운 관계를 이룰 것인가 하는 문제이다. 그 이유는 老三會와 新三會는 상이한 시기 · 배경 · 원인 등에서 형성된 것으로서 新三會는 재산권 관계에 관한 위탁과 대리문제를 해결하기 위한, 기업의 효율과 주주 이익의 극대화를 목표로 한 체계라고 하면, 老三會는 앞서도 말했다시피 중국 국민경제 중 정치체제의 구체적 체현이고 그 목

---

39 · 張春霖, 「國有企業改革的新階段：調整改革思路和政策的若干建議」, 『比較』 第8期, 2003.

표는 당의 영도와 직원의 주인지위를 실현하는 것이다. 이로써 알 수 있듯이 양자는 목표라든지 대표하는 이익방면에서 완전히 다른 양상을 띠고 있는바 이러한 두 가지 지배구조가 공존하는 상황에서 모순이 생겨나는 것은 피할 수 없는 사실이다. 新老三會의 주요모순은 내부 직책이 서로 불분명한 것이다. 또한 기관의 직능이 서로 중첩되는 부분이 있음으로 인해 기업은 소위 '뱃사공이 많은 배'로 전락되었고 관리가 혼란스러워짐에 따라 기업의 효율도 떨어지게 되었다.

4. 현 지배구조 문제점의 원인

(1) 역사 및 정치적 요소

이러한 문제점들이 생겨난 이유 중 가장 큰 이유로는 우선 역사적 원인과 중국의 특수한 國情을 들 수 있다. 이러한 요소들로 인해 정부와 기업은 일체라는 관념이 깊숙이 박혔으며 이는 기업뿐만 아니라 정부의 관련 감독부처도 마찬가지이다. 따라서 국유기업에서 정부와 기업의 완전한 분리는 단기간 내에는 어려울 것으로 보인다. 전통적인 관념이 변화되지 않는 한 현대기업지배구조는 비록 그 계획이 좋았다 하더라도 실현과정에서 완전한 기업지배구조의 형성이 어렵게 되며 지배구조를 형성하였다 해도 제도 설립의 최초 목표에서 벗어날 확률이 상당히 크다. 따라서 가장 중요한 것은 기업경영자 및 감독인원으로 하여금 새로운 지배구조에 대한 이념을 받아들이도록 하는 것이 급선무이다.

(2) 초기 위탁자의 부재

초기 위탁자가 명확하지 않음으로 인해 국유자산에 대한 대리관계가 복잡하게 되고 따라서 국유기업에 대한 감독과 제약도 그 정도가 약화된다. 그렇게 되면 궁극적으로 내부인 통제를 초래하게 된다. 기업이 일정 정도 경영이 진행되면 소유권과 경영권은 자연히 분리되게 되고 대리관계가 성립되기 마련이다. 국유기업 역시 마찬가지지만 그 대리문제는 훨씬 복잡하다. 법률상으로 보면 국유기업의 소유자는 전체 중국공민公民이다. 중국공민은 소유권을 단독 행사할 수 없으므로 정부에게 그 소유권을 위탁하여 국가소유의 형식으로 행사하도록 하는 데서 1차 대리관계가 형성되고, 다음 정부가 또 기업출자자로서의 직책과 기능을 전문기관인 국자위에 위탁하여 행사하게 함으로써 2차 대리관계가 형성되며, 각 급 국자위가 또 국유기업을 경영자에게 위탁하여 그들이 국유자산에 대한 경영관리를 진행함으로써 최종 대리관계가 형성된다. 여기서 알 수 있듯이 최초의 위탁자로부터 마지막 실질적인 경영자까지 그 과정에는 세 번의 대리관계가 성립된다. 또 최초 위탁자인 중국공민은 사실상 위탁자로서의 기능을 이행할 수 없으며 국유기업에 대한 감독은 더욱이 진행할 수 없게 된다. 국자위도 국유기업의 위탁자에 속하긴 하지만 어디까지나 하나의 기관일 뿐 개인출자자처럼 기업의 경영과 감독에 신경을 쓰진 못할 것이고 자연히 국유기업은 최초 구상했던 기업지배구조와는 약간 다르게 진행되게 되었다.

Ⅲ. 소결

국유기업은 예로부터 중국 국민경제를 지탱하는 기둥역할을 하고 있었고, 개혁·개방과 함께 경제체제를 전환하면서 그 중요한 일환으로 국유기업개혁을 진행하였다. 개혁을 통해 현대기업제도를 수립하기 시작함에 따라 국유기업은 소유권자가 다양해지기 시작했고 따라서 그 정의도 약간의 변화를 가져오게 된다. 뿐만 아니라 기업지배구조도 고도로 집중된 계획경제체제에서의 老三會 대신 新三會를 구성하게 됨으로써 점차 현대기업으로서의 면모를 갖추어 나가기 시작하였다.

다만 중국의 정치적 원인을 포함한 여러 가지 원인으로 인해 老三會는 기업에서 완전히 사라진 것이 아니라 예전과는 약간 다른 위치에서 기능을 발휘하면서 新三會와의 공존을 이어가고 있으며, 이 특수한 지배구조를 어떻게 조화롭게 조정할지는 현재 중국이 현대기업제도를 수립하고 발전시키는데 있어서 가장 중요한 문제라고 할 수 있다.

03

중국 직원참여제도 개관

제1절
직원참여제도의 일반론

I. 직원참여제도의 개념과 특징

1. 직원참여제도의 개념

직원참여라는 말의 표면적인 뜻으로만 보면 참여의 범위는 정치와 경제, 나아가서 문화생활까지도 포함될 수 있다. 다만 이 논문에서 논하는 직원참여는 회사법과 관련하여 직원의 이익을 보호하고 회사의 지배구조를 개선하는 제도를 가리킨다. 직원참여는 노동자참여라고도 할 수 있는바,[1] 이 단어가 가장 먼저 나타나고

---

[1] 楊雲霞, 『我國企業職工參與法律制度的系統分析』, 西北工業大學出版社, 2009, 3쪽.

발전한 국가는 독일이었다. 그에 반해 중국에서는 직원참여가 새로운 현상이 아닐 뿐만 아니라 역사가 꽤 유구하다고 할 수 있지만 정식적으로 그 용어가 나타난 것은 오래지 않은 일이다. 사람들이 '직원참여'에 관심을 가지기 시작한 것은 시장경제가 발전하고 기업제도의 개혁이 진행되면서부터였고, 따라서 직원참여의 개념에 대해서는 아직까지 서로 다른 이해와 해석이 존재하고 있다.

일찍이 직원참여에 대해 연구한 중구의 일부 학자는 직원참여제도는 직원이 노동자의 신분으로 법률이 부여한 권리를 통해 특유의 방식으로 기업내부결정에 참여하는 제도라고 주장하고 있으며,[2] 그 연구논문에서도 "직원참여는 직원민주관리 혹은 기업민주관리라고도 하며, 직원이 직접적 혹은 간접적으로 기업관리에 참여하는 것을 가리킨다."라고 서술하고 있다. 다른 관점은 직원참여는 기업의 각종 업무에 전면적으로 참여하는 것이라고 주장하고 있다. 즉 이 관점에서의 직원참여제도는 직원이 일정한 방식과 제도를 통하여 직접적 혹은 간접적으로 전면적이고 적극적으로 기업경영과 관리에 참여하는 제도를 가리킨다. 여기서 전면적이란, 기업 각종 활동, 예를 들어 기업내부결정, 기업관리, 기업에 대한 감독, 그리고 기업이익에 대한 참여를 가리킨다.[3]

이러한 두 가지 견해를 민주관리설과 전면적 참여설로 구분할 수 있다.[4] 민주관리설은 사실 중국이 계획경제시기에 시행했었던 민주관리제도와 유사하게 직원참여를 이해하고 있다. 하지만 이

2· 殷昕, 「我國公司職工參與制度的立法現狀及發展構想」, 『法學之窗』, 2012, 24쪽; 王全興, 「職工參與制度探微」, 『中國勞動科學』 第7期, 1995, 12쪽.

3· 汪光武, 「勞動股份制 : 股份制與參與制的結合」, 『中外管理』 第8期, 1994, 16쪽.

4· 王作全 · 馬旭東 · 牛麗雲, 『公司利益相關者法律保護及實證分析』, 法律出版社, 2010, 140쪽.

관점에 따르면 직원은 기업관리에만 참여할 수 있으므로 기타 권리에 대해서는 제한을 받게 되고 이는 직원참여제도의 목적[5]의 실현에 영향을 주게 된다. 전면적 참여설은 직원참여제도의 내용에 대해 더 넓게 정의함으로써 기업의 각 방면에서 직원이 활약하도록 하고 있으며 이는 직원의 적극성을 유도하고 있다. 다만 이 관점은 직원참여의 범위를 다소 넓게 정의하고 있어 이 역시 정확한 개념이라고 말하기는 힘든 것으로 보인다.

위의 견해들을 보면 비록 직원참여제도의 정확한 정의에 대해 다소 의견 차이가 존재하지만 제도의 본질, 즉 직원이 기업의 경영관리활동에 어느 정도 융합되어 있다는 점을 인정하는 것은 일치한다는 것을 알 수 있다. 따라서 필자는 이러한 견해들을 참고하면서 직원참여제도의 개념을 다음과 같이 정의하려 한다. 직원참여제도란 직원이 인적자본의 투자자로서, 어떠한 형식을 통해 기업경영과정에서 직원의 이익에 관련되는 중요한 사안의 결정 · 관리 · 감독에 참여하고 결정결과에 직접적 혹은 간접적인 영향을 주며 기업의 경영이익을 향유하는 기업민주제도이다.

2. 중국 직원참여제도의 특징

(1) 직원참여제도의 주체는 직원이다. 일반적으로 직원이란 개념의 범위는 상당히 넓은 것으로 임원으로부터 말단직원까지 모두 기업의 직원이라고 할 수 있다. 다만 직원참여제도에서의 직원은

---

5 직원참여제도를 실행하는 가장 기본적인 목적은 민주경제를 실현함으로써 기업이익 내지는 사회이익의 최대화를 실현하는 것이다.

고용자와 상반된 위치에 있는 존재를 가리킨다.[6] 따라서 임원은 주주이익을 대표하는 경영자로서 직원참여제도에서 가리키는 직원의 범주에 속하지 않는다는 게 필자의 판단이다.

(2) 직원은 직원대표를 통해 주주이익의 대표자와 함께 경영에 대한 결정권을 갖는다. 결정사항에는 직원복지 및 노동조건 등에 관한 사항뿐만 아니라 기업내부인사문제와 기업 생산, 기업 재무와 관련한 문제도 포함될 수 있다. 또한 참여도 그 정도에 따라 토론에 참여할 수 있는 부분참여, 그리고 공동으로 결정을 내릴 수 있는 완전한 참여로 나뉠 수 있다.[7]

(3) 직원참여제도는 고유의 기업지배구조를 기초로 하여 형성된 제도이다. 즉 직원참여제도는 절대 전통적인 기업지배구조를 뒤엎는 것이 아닌, 단지 그 구조에 직원이익의 대표자를 더 첨부시킴으로써 직원이익의 대표자와 주주이익의 대표자가 함께 결정을 내리고 기업경영에 공동으로 참여할 수 있도록 한 일종의 제도이다.

Ⅱ. 직원참여제도의 발전연혁 및 원인

1. 직원참여제도의 발전

최초의 직원참여제도가 형성된 국가는 독일이라고 할 수 있다.

6· 陳向聰, 「職工參與概念探析」, 『福建政法管理幹部學院學報』 第1期, 2002, 22쪽.

7· 漆多俊, 『國有企業股份公司改組法律問題硏究』, 中國方正出版社, 2003, 217쪽.

독일의 직원참여 중 가장 상징적인 제도는 공동결정제도라고 할 수 있는데, 이 제도는 국가가 입법을 통해 자본과 노동의 동등한 권리, 경제민주주의 등을 위하여 사회복지, 인사정책 등에 관하여 공동결정을 하도록 정한 제도이다. 공동결정제와 관련된 1922년의 최초의 법규정은 1934년 나치정권이 등장과 함께 폐지되었다가 제2차 세계대전 이후 노동조합이 강대해지고 노동자운동이 날로 고조된 상황 하에서 독일은 몬탄공동결정법(1951), 경영조직법(1952)과 공동결정법(1976) 등을 연달아 통과시키면서 참여범위가 넓고 비교적 완전한 직원참여제도를 구축하기 시작하였다.[8] 독일의 영향을 받은 노르웨이, 프랑스, 핀란드, 이탈리아 등 유럽 국가들은 2차대전 후 잇따라 직원참여에 관한 입법과 실천을 진행하였는바, 각 국의 경제 · 문화 · 법률 · 정치 등 배경의 차이로 인해 그 제도도 각자의 특색을 띠게 된다.[9] 이 시기 유럽 각국의 직원참여제도뿐만 아니라 미국의 직원지주제도도 조명을 받으면서 기업에서의 직원참여는 일종의 세계적 추세로 발전하게 되었다.

2. 중국 직원참여제도의 변천사

중국 역시 직원의 권리보호와 직원참여를 항상 중요시하여 예로부터 직원의 민주적인 참여 및 관리제도를 적극적으로 발전시켜 왔다. 이러한 직원의 기업경영참여권리의 원천은 그 정치적제도로부터 찾을 수 있다. 중국은 생산수단 공유제를 실시하는 사회주의

8· 李軍強, 「公司職工參與制度研究」, 中國西南政法大學 碩士畢業論文, 2005, 3쪽.

9· 劉俊海, 『公司的社會責任』, 北京法律出版社, 1999, 199쪽.

체제의 국가로서 국가와 기업의 주인은 직원이라는 인식이 항상 존재해 왔고 직원이 기업경영에 참여하는 것은 그 기본권리이며 사회주의제도의 우월성의 구현이라고 여겨졌으며 많은 전통적인 기업입법규정에서도 직원참여의 흔적과 직원권리를 보장하려는 이념을 찾아볼 수 있다. 구체적으로 중국의 직원참여제도에 대한 입법은 혁명근거지를 건립했던 시기부터 이미 존재하고 있었고 지금까지 여러 번의 변화를 겪어왔다. 그 주요한 표현으로는 해방전쟁시기[10·]에 직원관리위원회와 직원대표회의를 규정하였고, 1961년 공업70조[11·]와 기업개혁을 진행하기 시작한 후의 기업법과 회사법 역시 직원참여제도에 대한 규정을 포함하였다.

중국의 직원참여제도는 시간이 지남에 따라 여러 단계의 변화를 겪으면서 다음과 같은 특징을 띠고 있다. 우선, 직원참여제도에 대한 규정이 점차 법률의 형식을 갖추어가고 있으며 제도의 법률화를 실현하고 있다. 법치사회에서 주요한 정치 및 경제제도는 모두 법률의 형태로 정해지는데, 직원참여제도 역시 기업구조와 운영에서의 중요한 제도 중 하나로서 법률화는 필연적인 추세인 것으로 보인다. 동시에 직원참여의 목적도 정치적 의미의 참여에서 경제적 의미의 참여로 점차 전환하게 되었다. 계획경제시기에 노동자는 국가와 사회, 그리고 기업의 주인으로서의 정치적 각오를 가지고 기업경영관리에 참여하였다면 사회주의 시장경제시기에는 노동관계 본질의 변화와 더불어 직원은 직원이사 · 감사 및 직원지주와 같은 전형적인 경제제도의 실행하에서 기업에 대한 참여를

10· 1945년 8월부터 1950년 6월까지의 중국 공산당과 중국 국민당의 정권쟁탈전쟁.
11· 국영공업기업근무조례(초안)의 별칭.

실현하고 있다. 또 직원의 전면적인 참여로부터 소수 정예의 직원 대표를 선발하여 기업경영과 관리에 참여하도록 하는 것도 하나의 큰 차이점이며, 참여범위 역시 기업경영에 대한 전반적인 참여로부터 기업의 중대한 사항이거나 직원의 이익과 밀접한 관계가 있는 사무에만 참여한다는 점에서 그 변화를 알 수 있다.

3. 중국 직원참여제도의 변화원인

중국의 직원참여제도가 이와 같은 변화를 겪게 된 데는 경제체제의 변화가 가장 큰 원인이라고 할 수 있다. 경제체제의 변화와 함께 진행한 국유기업개혁으로 단일한 공유제기업이 해체되고 기타 소유제형식의 기업들이 설립되어 노동자도 더 이상 기업의 주인이 아닌 피고용인으로 전락되게 되었으며 직원참여의 방식·범위·깊이 등에서 모두 변화를 가져오게 되었다.

또한 현대기업제도의 수립도 중국의 직원참여제도에 큰 충격을 가했다고 본다. 현대기업제도 하에서 회사에 대한 권리가 재분배되었으며 특히 주주의 주도적 지위가 강화되었고 주주중심의 지배구조가 형성되었다. 반대로 기업에서의 직원의 지위는 점차 가장자리로 밀려나게 되었고 전체적인 참여도도 확연히 전에 비해 떨어지게 되었다. 그와 동시에 기업지배구조의 변화는 원래의 직원대표대회제도의 지위를 크게 하락시켰으며 기업은 新三會와 老三會사이의 충돌에 직면하게 된다.

Ⅲ. 직원참여제도의 이론적 근거

1. 공유제共有制이론

사회주의중국에서 노동자는 이중적인 신분을 지니고 있는데, 하나는 노동자계급이자 지배계급의 일원으로서 사회와 국가의 관리에 주인의 신분으로 참여할 수 있으며, 또 하나는 일반 노동자로서 노동과정에서의 여러 권리를 행사할 수 있다. 계획경제시기의 직원참여는 바로 이 이중신분에서의 '주인' 신분을 기반으로 하여 실현된 것이다. 사회주의체제에서 생산수단과 노동성과는 모두 전체 인민 및 노동자의 소유이고 노동자는 기업의 주인으로서 생산수단을 소유, 점유, 지배 및 관리할 권리가 있다. 따라서 기업 내의 경영자를 포함한 모든 사람들은 근본적으로 동일한 이익을 추구하며 생산과정에선 평등하고 상호 합작하는 관계이다. 직원의 이러한 지위는 사회주의생산관계의 필연적인 결과라고 할 수 있으며 사회주의생산관계를 진일보 발전시키고 노동자의 지위를 견고히 하려면 기업에서의 민주관리가 필수적이다.

공유제론은 상당히 중국특색이 있는 이론이라고 할 수 있다. 다만 경제체제의 전환과 국유기업개혁을 진행하면서 비록 공유제라는 사회주의경제의 기본특징은 유지되었지만 그 개념과 내용은 큰 변화를 가져오게 되었고 공유제 기업 외에도 여러 가지 소유제의 기업들이 설립되었다. 따라서 이 전통적인 이론은 그 기반이 다소 흔들리게 되었고 현대기업제도의 시각에서 직원참여의 새로운 이론적 근거를 찾아야 할 필요성이 생기게 되었다.

2. 경제민주주의이론

민주는 본래 정치적 개념이었지만 20세기 이후 그 범주가 점차 넓어지면서 경제영역에까지 다다르게 되었다. 소위 경제민주주의는 거시적 의미와 미시적 의미로 나눌 수 있는데, 거시적인 경제민주주의는 사회의 부에 대해 재분배를 실시하여 빈부격차를 줄임으로써 공민들에게 동등한 경제적 기회와 물질조건을 제공하는 것이고, 미시적인 경제민주주의는 바로 기업민주관리인바, 직원은 기업관리에 참여할 권리를 가지며 기업의 각종 사무에 대해 의견과 건의를 발표할 자유를 가지고 수요에 따라 대표를 선정하여 기업의 관리에 참여하도록 할 수 있다.[12]

주주를 중심으로 하는 전통적인 회사법이 체현하는 민주는 일종의 자본에 의한 민주이며 물적 자본의 소유자, 즉 주주와 그 대리인만이 기업지배와 이익배당에 참여할 수 있었고 정작 실질적으로 기업의 이윤을 창조하는 직원은 제외되는 대상이었다. 하지만 시대가 변화하면서 직원은 더욱 높은 자질과 더욱 선진적인 사상을 지니게 되었고 그들은 기업경영에 참여하고 권리를 행사하는 것을 추구하게 되었다. 직원참여제도는 기업경영에 대한 직원의 참여를 제도화함으로써 노사 쌍방의 교류와 상호적인 이해를 촉진하며 기업민주관리를 실현하는 중요한 수단이다. 이는 경제민주주의의 목표를 체현하였으며 따라서 직원참여제도를 실행하는 것은 경제민주주의를 추진할 수 있는 가장 효과적인 방법이라고 할 수 있다.

12· 陸雄文, 『民主管理』, 浙江人民出版社, 1997, 32쪽.

3. 인적 자본이론

전통적인 회사법이론에 따르면 주주가 투자한 물적 자본은 회사가 설립되고 정상적으로 운영할 수 있는 기반이며 물적 자본은 회사에 있어서 대체할 수 없는 중요한 의미를 가진다. 따라서 회사의 경영과정에서 주주이익의 최대화는 불변의 진리이며 직원은 물적 자본이 고용한 하나의 대상으로서 작업량에 따라 보수를 받을 뿐 기업의 경영과 결정에 대한 참여가 불가능했다.

하지만 인적 자본이론에 따르면, 투자자는 물적 자본을 투자하고 직원은 인적 자본을 지출한다. 직원이 오랜 기간의 학습과 근무를 통해 축적한 자질과 기능은 특정 직종 및 근무환경과 연동되어 있을 가능성이 상당히 크며, 회사의 운영상황이 좋지 않을 경우에는 이러한 근무환경을 잃어버리는 경우까지 발생할 수 있다. 이런 상황에서 원래의 근무환경을 벗어난 직원이 그 능력에 걸맞은 대우를 받지 못하거나 아예 처음부터 다시 시작해야 한다면 이는 사실상 자본투자와 마찬가지로 자산투입의 손해를 입게 된다. 즉 직원은 자신의 체력과 두뇌를 자본으로써 기업에 투자하고 직원이 부담하는 리스크는 물적 자본의 투자자보다 적은 것이 아니라는 것이 이 이론의 주장이다.[13] 직원은 회사의 이익, 그리고 운명과 긴밀히 연관되어 있으며 따라서 직원은 기업에 투자한 인적 자본에 근거하여 충분히 기업경영에 참여할 권리가 있다. 뿐만 아니라 기타 투자자에 비해 직원은 기업 내부에서 직접적으로 경영행위를 관찰할 수 있어 경영자에 대한 감독이 강화되고 대리인비용이 절

---

13. 李立新, 『勞動者參與公司治理的法律探討』, 中國法製出版社, 2009, 64쪽.

감되는 효과도 있다.

4. 회사의 사회적 책임이론

이는 미국에서 가장 먼저 제기된 이론이다. 자유자본주의의 배경하에서 이익에 대한 자본가들의 맹목적인 추구는 일련의 사회문제를 야기하였고 회사가 사회에 대한 부정적인 영향은 날이 갈수록 엄중해졌다. 이에 많은 사람들은 회사의 사회적 책임을 논의하기 시작하였다. 회사의 사회적 책임이론에 따르면 회사는 영리를 목적으로 하는 기업법인이기 전에 그 역시 사회구성원의 하나로서 여러 가지 사회적 책임을 부담해야 한다는 것이다. 회사는 그 운영과정에서 선견지명이 있어야 하며 주주이익의 최대화를 유일한 목표로 할 것이 아니라 주주이익 외의 기타 사회이익도 최대한도로 증진시켜야 한다.[14] 회사의 사회적 책임에는 일부 도덕 방면에서의 사회적 책임도 있는바, 그중 가장 중요한 하나는 바로 직원을 중심으로 하여 취업기회를 늘리고 고용을 촉진하며 그 합법적 권익의 실현을 보장하는 데 있는데, 이 이론은 노동자가 주관적 능동성을 충분히 발휘하여 적극적으로 기업경영에 참여하도록 하고 있으며 사회적 책임을 진 회사의 내부관계는 더 이상 지배자와 피지배자가 아닌 서로 존중하고 평화롭게 공존하기 위한 관계이다.

14· 劉連煜, 『公司治理與公司社會責任』, 中國政法大學出版社, 2001, 124쪽

5. 이해관계자이론

이해관계자이론에 따르면 회사는 단순하게 주주이익의 최대화를 실현하는 도구가 아니라 서로 다른 이해관계자들의 이익도 추구하는 조직이다.[15] 기업의 주식자본은 비록 주주의 소유지만 그렇다고 하여 회사 역시 주주의 소유라고 보기는 어렵다. 주주는 회사의 직원, 고객 등과 마찬가지로 회사의 이해관계자에 속하며 이들은 모두 회사와 일종의 이해관계가 존재하고 회사는 이러한 이해관계자들의 이익공동체이다. 특히 주주, 경영자, 직원은 모두 회사를 형성하는 핵심적인 요소이며 모두 회사에 대해 상응한 권리를 가지고 있으며 서로 제약하고 서로 영향을 주면서 공동으로 회사를 경영한다. 회사의 성패는 주주보다 이해관계자에 더 큰 영향을 끼치므로 업무집행의사결정 과정에 각종 이해관계자가 참여하는 것이 마땅하다고 할 것이다.[16] 그 중 직원은 그 중 가장 중요한 이해관계자로서 회사발전의 주도적 역량이며 따라서 직원참여는 이익관계자이론의 제일 명확한 구현이라고 할 수 있다.

IV. 직원참여의 방식

독일의 공동결정제도부터 미국의 ESOP까지 국가의 정치 · 경제 · 문화 · 역사 등 요소에 따라 그 직원참여는 여러 가지 방식으

15· 張榮剛 譯, 『所有權與控制—面向21世紀的公司治理探索』, 中國社會科學出版社, 1999, 66쪽.

16· 권혁재, 앞의 논문, 10쪽.

로 실현할 수 있다. 중국 역시 각 요소를 참작하면서 형성된 직원참여방식이 있으며 그 중에는 중국의 전통적인 제도가 있는가 하면 기타 국가의 경험을 참고하면서 당국 실정에 맞게 형성된 제도도 있다.

1. 정보참여

정보참여는 중국의 전통적인 직원참여의 방법으로서 직원은 공회 혹은 직원대표대회를 통하여 기업의 경영상황 등에 대한 정보를 취득하고 동시에 이에 관한 의견을 제시할 수 있는 권리를 가진다. 직원은 정보참여를 통해 정보권, 제안권과 공동협의권을 가지게 되는 것이다. 이러한 참여방식은 정보의 불균형을 어느 정도 완화할 수 있긴 하지만 직원의 참여정도가 깊지 않고 직원은 정보에 대해 알 권리가 있으나 의결권과 최종적인 결정권은 없다. 이에 정보참여는 직원의 알 권리에 지나지 않으며 하나의 제도로서 존재하기에는 역부족이라는 의견도 있지만,[17] 기업지배란 원래 다양한 방식과 수단으로 기업내부와 외부의 자원을 이용하여 각 이익관계자들의 이익충돌을 조정하는 것이며,[18] 각 기업의 문화, 직원참여의 적극성, 그리고 직원의 자질이 다름에 따라 서로 다른 직원참여방식이 생겨나는 것만큼 참여정도가 낮다고 하여 정보참여의 방식을 부정하면 안 된다고 생각하는 바이다.

17· 卞廣磊, 「職工參與制度的法律硏究」, 中國政法大學 碩士畢業論文, 2010, 3쪽.

18· 陳宏輝, 『利益相關者的利益要求 : 理論與實證硏究』, 經濟管理出版社, 2004, 242쪽.

2. 경영참여와 감독참여

경영참여란 직원이 일정한 방식을 통해 직원대표를 선출하여 이사회에 투입하며 기타 이사와 동등하게 의결권을 가지고 경영결정에 참여하는 것을 가리킨다. 경영참여는 직원이 기업관리에 참여하는 가장 직접적이고 가장 심화된 참여방식이며 1970년대부터 유럽 각국에서 제일 보편적으로 시행된 방법이다. 감독참여란 직원이 선출한 대표가 회사의 감사위원회의 구성원이 되어 권리를 행사하는 것을 가리키며 독일의 공동결정제도가 가장 대표적이다. 감독참여를 통해 직원은 경영자에 대한 감독권을 가지게 되며 직원의 이익이 침해되는 행위가 발생하는 것을 어느 정도 방지하고 억제할 수 있게 된다.

경영참여와 감독참여는 직원이 기업의 이사회와 감사위원회를 통해 참여를 실현하는 것으로 이 두 가지를 통틀어 기관참여라고 할 수 있다.

3. 지분참여

지분참여는 소유제참여라고도 할 수 있는데, 주로 직원지주의 형태로서 직원이 기업의 주식을 소유하여 주주가 됨으로써 주권을 행사하면서 기업관리에 대한 참여를 실현하는 방식이다. 직원지주제도는 직원으로 하여금 기업에 대한 귀속감을 느끼게 하면서 노사관계를 개선하고 생산효율을 높이는 데도 적극적인 작용을 할 수 있다. 이러한 직원지주제도에 대해 일부 학자는 직원이 주권을 행사함으로써 기업관리에 참여하므로 직원참여방식에 속하지 않는다는 의견을 제기하고 있으나,[19] 직원지주제도는 직원의 적극성을 이끌어내고 인적자본의 가치를 발휘하기 위한 것으로서 이때의 주권은 직원이라는 신분을 전제로 하여 취득한 것이므로 역시 직원참여방식에 속해야 한다고 본다.

제2절
직원참여제도에 관한 중국의 입법

중국에서의 직원참여제도의 역사가 긴만큼 그에 대한 입법도 계획경제시기, 국유기업개혁초기, 그리고 현대기업제도시기 등 여러 시기에 나누어 알아볼 수 있다.

I. 1949년-1978년 계획경제시기의 입법

1949년, 건국 전 중국의 화북해방지역華北解放區에서 제1차직원대표회의가 열렸다. 회의에서는 '국영공장기업의 공장관리위원회와 직원대표회의에 대한 결정'을 내렸으며 이 결정을 실시하는 데 관한 조례를 제정하였다. 또 공장관리위원회와 직원대표회의의 본질, 임무, 조직, 직권 등에 대해서도 구체적으로 규정하여 공장관리위원회와 직원대표회의가 국영기업의 기본제도로 되도록 추진하였다. 화북인민정부는 이 결정과 조례를 시행할 것을 정식으로

19· 卞廣磊, 앞의 논문, 4쪽.

공포하였으며 이로써 노동자의 참여는 보편적인 관심을 받게 되었다.

신 중국이 건립된 후 대규모의 노동입법이 진행되었고 직원참여에 대한 규정도 점차 형태를 잡아가기 시작하였다.

우선 1949년에 제정된 당시 임시헌법이었던 중국인민정치협상회의공동강령 제32조는 국가가 경영하는 기업에서는 노동자가 생산관리에 참여하는 제도, 즉 공장장의 지도하에서 공장관리위원회를 실행해야 할 것이라고 규정하여 직원참여제도의 형성에 힘을 실었다. 그 후 1950년에 공회법을 제정하여 법률로써 공회의 합법적 지위와 권리를 규정하였으며 기업의 민주관리가 순조롭게 진행되고 발전하도록 보장하였다. 1954년에 제정된 정식 헌법은 기업에서의 직원참여에 대해 직접적으로 언급하지 않았지만 인민민주국가라는 국가의 성질을 명확히 규정하여 직원이 기업의 주인이 되어 기업관리에 참여할 수 있는 정치적인 배경을 제공하였다.

기업관리에 대한 직원의 참여권리는 건국 초기의 입법을 통해 합법적인 권리로 인정받았지만 문화대혁명으로 인해 큰 타격을 받아 오랜 기간 거의 정지된 상태로 남아 있었다.

Ⅱ. 1978년-1992년 국유기업개혁초기의 입법

1978년 중국은 계획경제체제로부터 시장경제체제로의 전환을 결정하고 일련의 개혁을 진행하였으며 그 중에는 국유기업개혁도 포함되어 있었다. 새로운 직원참여제도도 개혁이 진행됨에 따라 건립되고 발전하였으며 격변의 시기를 맞이했다고 해도 과언이 아니었다.

1. 1982년 헌법

우선 1982년 헌법 제16조에서 국영기업은 법률의 규정에 따라 직원대표대회 및 기타 방식을 통해 민주관리를 실시해야 한다고 규정하였고, 제17조는 집단경제조직은 법에 따라 민주관리를 실행하며 전체 직원이 경영자를 선거하고 파면하며 경영관리에서의 중대한 문제를 결정한다고 규정하였다. 또한 노동의 권리와 의무를 규정한 제42조는 국영기업과 도시 및 농촌의 집단경제조직의 노동자는 국가의 주인으로서의 사명감을 가지고 노동을 대해야 한다고 명시하여 중국 직원참여제도에 헌법적 근거를 제공하였다. 1982년 이후 헌법은 몇 차례 개정을 겪었지만 직원참여제도에 대해서는 "국영기업"을 "국유기업"으로 바꾼 것 이외에는 변함이 없다.

2. 전민소유제공업기업직원대표대회조례 및 전민소유제공업기업법

1986년 시행을 공포한 직원대표대회조례는 전민소유제기업의 직원대표대회제도를 확립하였고 직원대표대회의 직권을 상세하게 규정하였다. 1988년 기업법 제51조 역시 직원대표대회는 기업이 민주관리를 실행하는 기본적인 형식이고 직원이 민주관리의 권리를 행사하는 기관이라는 직원대표대회에 관한 규정을 포함시켰다. 직원참여에 대해선 국가는 직원의 주인 지위를 보장하며 기업은 직원대표대회 혹은 기타 방식을 통해 민주관리를 진행하며 직원은 기업민주관리에 참여하고 기업의 생산과 활동에 대해 의견 및 건의를 제시할 권리를 가진다고 규정하였다.(동법 제9조, 제10조, 제49조) 또한 기업법 제47조는 직원참여의 또 한 가지 방식으로 관리위원회제도를 규정하고 있는바, 관리위원회는 기업 각 방면의 책임자와 직원대표로 구성된다.

Ⅲ. 1993년-현재 현대기업제도시기의 입법

1993년에 기업개혁이 심화되고 현대기업제도의 수립을 결정하면서 중국은 특히 회사법을 비롯한 여러 법률의 제정을 주축으로 하여 관련 법체계를 건설하고 개선하기 위해 부단히 노력을 하였으며 직원참여제도가 또 한걸음 앞으로 나아가도록 하였다.

1. 공회법 및 노동법의 규정

공회는 직원이 자발적으로 연합하여 형성한 노동자계급의 조직이다. 이러한 공회의 권리와 의무를 명확히 하고 정치, 경제와 사회생활에서 공회의 지위를 보장하기 위해 중국은 1992년에 공회법을 제정하였다. 그 중 직원참여와 관련된 조항을 보면 공회는 직원대표대회의 업무기관工作機構으로서 직원대표대회의 일상근무를 책임지고 직원대표대회의 결의가 집행되도록 추진하고 감독하는 역할을 하며,(동법 제30조) 기업이 직원대표대회제도와 기타 민주관리제도를 어길 시에 공회는 이에 대해 이의를 제기할 수 있으며 직원이 법에 따라 민주관리의 권리를 행사하도록 보장을 제공한다.(동법 제16조) 2001년에는 공회법을 일부 수정하여 42개 조항으로부터 57개 조항으로 늘어났다. 개정을 거친 공회법의 가장 뚜렷한 특징은 바로 공회의 직원이익수호의 작용을 강조한 것이며, 또 이번 공회법은 전민소유제기업뿐만 아니라 모든 기업에서 직원대표대회제도를 실행할 것을 규정하였다.(동법 제6조 제3항)

1994년 노동법에서 직원참여와 관련된 조항은 제8조인바, 노동자는 법의 규정에 따라 직원대회, 직원대표대회 혹은 기타 방식을 통해 민주관리에 참여한다고 규정하였으며 이는 다시 한 번 직원참여의 주요방식은 직원대표대회라는 점을 법으로써 명확히 하였다.

2. 회사법의 규정

1993년 첫 회사법이 시행된 이래 시장경제의 발전정황에 따라 회사법은 몇 차례의 중요한 개정을 거쳤고 따라서 직원참여에 대한 규정도 범위와 정도에서 큰 진보를 가져왔다.

(1) 1993년 회사법

우선 1993년 회사법을 보면 당시 사회주의시장경제체제를 갓 수립하기 시작했던 중국은 회사법의 제정에서 그 특수성이 잘 표현되었다고 본다. 현대기업제도를 수립하기 위해 자본주의국가의 회사법을 참고하여 제정한 회사법은 주주중심의 지배구조를 규정하고 있으나, 사회주의 특징이 내포된 조항 역시 적지 않았다.[20]

20· 李立新, 앞의 책, 161쪽.

예를 들어 1993년 회사법 제14조는 회사는 경영활동에 종사하면서 법률과 도덕을 준수하며 사회주의정신문명건설을 강화하고 정부와 사회대중의 감독을 받는다고 규정하였다. 회사법에 이러한 규정이 있게 된 것은 단순히 이익을 추구하는 것이 아닌 사회주의문명건설에도 기여가 있어야 하는 사회주의공유제기업의 특수성으로 인해서이다.

1993년 회사법의 규정을 통해 국유독자회사와 두 개 이상의 국유기업 혹은 두 개 이상의 국유투자주체가 투자하여 설립한 유한책임회사의 직원은 헌법과 관련 법률의 규정에 따라 직원대표대회 등 방식을 통해 민주관리를 실행할 수 있었고,(동법 제16조 제2항) 회사가 직원의 월급, 복지, 생산안정 및 보험 등 직원의 이익과 밀접한 관계를 가진 문제를 토론할 경우 사전에 공회와 직원의 의견을 들어야 하며 관련 회의에는 공회대표 또는 직원대표의 참석을 요청해야 한다. 회사가 제도개혁 혹은 경영상 중대사안에 대해 결정하거나 중요한 규정 및 제도를 제정할 때에도 마찬가지로 공회와 직원의 의견을 들어야 한다.(동법 제55조, 제56조, 제121조, 제122조)

회사법은 일부 유한책임회사와 국유독자회사의 직원이사, 그리고 유한책임회사와 주식회사의 직원감사에 대해서도 규정하였다.(동법 제45조, 제52조, 제67조, 제68조) 1993년 회사법에 의하면 국유독자회사는 감사위원회를 두지 않고 회사의 국유자산에 대해 국가의 관련 부처 혹은 기관이 감독과 관리를 실행하였으며 따라서 국유독자회사에는 감사위원회에서의 직원의 참여가 없었으나, 1999년에 수정된 회사법에서는 국유독자회사의 감사위원회와 직원감사에 대한 규정을 추가하였다.

(2) 2005년 회사법

2005년 회사법은 기존 규정을 기반으로 하여 모든 회사에서의 직원대표대회제도를 규정하였고 동시에 직원이사 · 감사제도도 명확히 하였으며 직원참여제도의 심화와 규범화를 크게 추진하였다. 1993년 회사법과 비교해볼 때 2005년 회사법은 다음과 같은 변화가 있다.

첫째, 2005년 회사법 제18조는 회사가 제도개혁 혹은 경영상 중대사안에 대해 결정하거나 중요한 규정 및 제도를 제정할 때 직원의 의견을 들어야 하는데 "직원대표대회 혹은 기타 방식을 통해" 들어야 한다는 직원참여의 구체적인 수단을 추가하여 법적근거를 보강하였다.

둘째, 직원이사제도에 대해서는 유한책임회사와 국유독자회사, 그리고 주식회사의 이사회에 직원대표가 있어야 한다고 규정하여 1993년 회사법에 비해 직원이사를 둘 수 있는 회사의 범위가 크게 확장되었다.(동법 제45조, 제68조, 제109조)

셋째, 직원감사제도에 대해서 국유독자회사, 유한책임회사 그리고 주식회사 모두 감사위원회를 둘 것을 규정했고 직원감사는 그 인원수의 1/3이상이어야 한다고 정했다.(동법 52조, 제71조, 제118조)

넷째, 2005년 회사법은 장려차원에서 회사주식을 직원에게 줄 수 있는 규정도 추가하였다. 회사법 143조는 회사는 자기주식을 취득할 수 있는 경우에 대해 규정하고 있는데 그 중에는 직원이 회사주식을 취득한 경우도 포함된다. 비록 직접적으로 직원지주를 규정한 것은 아니지만 이는 회사법이 직원주식을 승인한다는 것을 반증하며 최초로 직원지주제도가 언급된 회사법 규정이기도 하다.

Ⅳ. 직원참여제도 입법의 문제점

직원참여제도에 대한 중국의 입법을 종합적으로 분석해보면 전통적인 사회주의사회의 성질을 존중하면서 제정한 법률이 있는가 하면 시장경제체제의 환경을 따르면서 제정한 법률도 있다. 따라서 직원참여제도의 설치범위가 넓으며 여러 제도가 완비되어 있다고 할 수 있지만 아직 현실적으로 많은 문제점이 존재하고 있다.

1. 혼란스러운 입법체계

직원참여제도의 입법 체계가 상당히 혼란스럽다. 모든 나라가 그렇듯이 중국의 법체계 역시 상당히 방대하고 복잡하다. 그 중에는 대량의 법률법규와 지방성 정책 및 법규도 포함돼있으며, 특히 중국은 경제체제의 변화를 겪으면서 복잡한 사회관계를 이루고 있어 서로 일치하고 조합이 잘 되는 입법체계를 형성하기 더욱 힘들다. 직원참여제도에 대한 법제 건설 역시 마찬가지다. 개혁 · 개방을 진행한 후 시기에 따라 기업법, 노동법, 공회법 등 법률들을 제정하여 직원대표대회제도를 비롯해 직원이사제도와 직원감사제도 등 제도들을 규정하였지만 실제적인 응용성이 있는 통일되고 세밀한 규정이 부족하다.

2. 경영자의 선임

경영자의 선임문제에 있어서도 직원참여제도는 큰 역할을 발휘하지 못하고 있다. 1970년대 말부터 중국은 국유기업의 인사제도에 대해 개혁을 진행하면서 기업의 경영자의 임명방식도 원래의 기업행정부문이 임명하는 방식 대신 채용의 방식을 취하거나 직원대표대회가 선거하는 방식을 취하도록 조정하였다.[21] 하지만 직원참여에 대한 관련 법률법규에 의하면 비록 이론적으로는 직원이 회사의 경영자를 선택할 실행 가능성이 있으나 현실에서 그 권리는 여전히 국가가 장악하고 있고 채용의 방식을 취한다 해도 최후의 결정은 여전히 회사의 행정주관부문과 인사부문이 내리게 된다. 주식회사에서도 경영자의 선임권인 주주총회에 있으며 직원이 할 수 있는 일은 기껏해야 직원이사와 직원감사를 선출할 뿐 그 외에는 거의 아무 것도 없다고 봐도 무방하다.

기타 구체적인 직원참여의 제도들의 문제점에 대해서는 본 논문의 제4장 및 제5장의 부분에서 상세히 고찰하도록 한다.

21· 李立新, 앞의 책, 174쪽.

04

정보참여: 직원대표대회제도

제1절 직원대표대회제도의 일반론

I. 직원대표대회제도의 형성과 발전

직원대표대회는 중국 직원민주관리의 기본적인 방식으로서 그 발전역사는 상당히 유구하다. 일찍 1922년에 중국의 노동자계급이 당의 영도 하에 노동입법운동을 진행할 당시 노동자의 관리참여원칙이 제기된 적 있었다.[1] 이후 1946년, 일부 공업기업에서 공장장이 모든 문제를 독단적으로 해결하는 데에 대비하여 중공중앙은 공업기업은 공장관리위원회를 설립하여야 할 것이라고 제기하였다. 공장관리위원회는 공장장, 부공장장, 기술총책임자, 기타

---

1. 趙娜, 「試論我國職工代表大會制度的完善」, 中國吉林大學 公共管理碩士畢業論文, 2004, 3쪽.

책임자 및 일정 수의 직원으로 구성되었고 공장장은 주석(위원장)직을 맡으며 위원회는 주로 기업생산 중의 중대한 사안에 대해 토론하고 결정한다. 1948년 6월, 전국제6차노동대회全國第六次勞動大會에서는 모든 기업이 공장관리위원회를 설립하여야 하며 50인 이상의 큰 공장은 직원대표로 구성된 공장대표회의를 소집할 것을 명확히 규정하였다. 1949년, 화북 해방지역에서 처음으로 직원대표회의를 열었고 '국영공장기업에서 공장관리위원회와 직원대표회의를 설립하는 데 관한 결정'을 통과하였으며 그 후에는 국영기업은 전반적으로 모두 공장관리위원회와 직원대표회의제도를 실행하였다. 특히 직원 수가 200인 이하인 기업은 정기적으로 전체직원회의를 소집하도록 하였다. 이는 훗날 직원대표대회제도의 수립과 실행에 든든한 기초를 제공하게 된다.

새 중국이 건립된 후 중국의 노동자계급은 지배계급으로 상승하였고 따라서 직원 및 대중은 국가와 기업의 주인이 되어 기업관리에 참여할 관리를 지니게 되었으며 그에 관련한 제도의 형성에도 박차를 가하였다. 1956년부터 국영기업은 당위원회의 지도하에서 직원대표대회제도를 실행하기 시작하였고 직원대표대회의 운영경험을 종합적으로 정리한 1961년의 공업70조와 1978년의 공업30조[2] 등 조례를 잇따라 공포하였으며 1986년 전민소유제공업기업직원대표대회조례全民所有制工業企業職工代表大會條例(이하 직원대표대회조례)를 정식으로 공포하면서 직원대표대회를 기본적인 형식으로 하는 기업민주관리제도를 건립하였고 이로써 직원대표대회제도는 중국 기업이 가장 많이 실행하고 가장 대표적인 직원민주관리제도

2· '공업발전을 촉진하는 문제에 관한 결정'(초안)의 별칭.

로 되었다.[3]

Ⅱ. 직원대표대회제도의 운영규정

직원대표대회제도의 운용에 관해 직원대표대회조례는 상세한 규정을 두고 있다.

1. 직원대표의 선출 및 임기

법률에 따른 정치적 권리를 지닌 기업의 직원은 모두 직원대표로 될 수 있다(동조례 제10조). 직원대표는 기업 내에서 작은 조직을 단위로 하여 직원이 직접 선거해야 한다. 다만 대형기업의 직원대표는 분공장分廠 또는 작업장車間의 직원대표가 서로 추천하여 선출될 수 있다(동조례 제11조).

임기에 관해서 직원대표는 상임제를 실시하고 2년에 한 번 선거를 진행하며 연임할 수 있다. 직원대표는 직원에 대해 책임져야 하며 직원은 직원대표를 감독할 권리와 원래의 직원대표를 대체할 수 있는 새로운 직원대표를 선거할 권리를 가진다(동조례 제13조).

2. 직원대표의 권리와 의무

우선 직원대표의 권리를 보면 직원대표는 직원대표대회에서 선

3· 李立新, 『勞動者參與公司治理的法律探討』, 中國法製出版社, 2009, 263~265쪽 참조.

거권, 피선거권과 의결권을 가지고, 직원대표대회의 제안과 결의에 대한 기업의 집행여부를 검사할 권리를 가지며, 기업의 행정지도자에 대해 질의권質詢權을 가진다. 뿐만 아니라 직원대표대회의 각 항 활동에 참가함으로 인해 근무시간이 점용되었을 때 정상근무 시 받아야 할 대우를 받을 권리가 있으며 직원대표가 행사하는 민주권리에 대해 그 어떤 조직과 개인도 모두 방해하거나 저지하여서는 아니 된다(동조례 제14조).

직원대표는 권리를 행사하는 동시에 다음과 같은 의무도 이행하여야 한다. 우선 당과 국가의 방침, 정책, 법률법규에 대해 학습하고 정치적 각오와 전문기술, 그리고 관리능력을 향상시키기 위해 노력하여야 한다. 또 군중과 밀접한 관계를 유지하여야 하고 직원의 합법적 권익의 대표자로서 직원의 의견과 요구를 여실하게 반영하여야 하며 직원대표대회의 결의와 관련된 업무를 성실하게 수행하여야 한다. 마지막으로 국가의 법률법규 및 기업의 기강과 제도를 모범적으로 준수하고 본업에 충실해야 한다(동조례 제15조).

3. 직원대표대회의 조직체계

직원대표대회조례의 제16조부터 제22조의 규정을 보면 직원대표대회의 조직에 대해 다음과 같이 종합할 수 있다.

우선 직원대표대회는 회의를 이끌어갈 의장단을 선거해야 하는데, 의장단은 응당 노동자, 기술자, 관리자와 기업의 지도자로 구성되어야 하며 그 중 노동자, 기술자와 관리자의 수는 의장단 구성원 수의 반을 초과해야 한다. 의장단 대표는 직원대표대회의 업무보고를 진행하여야 하고 직원대표대회의 감독을 받는다.

또 직원대표대회는 최소 반년에 한 번 개최되어야 하고 회의에는 반드시 2/3 이상의 직원대표가 참석하여야 하며 중대한 사항이 있을 때 공장장과 공회, 혹은 1/3 이상의 직원대표의 제의를 통해 임시회의를 소집할 수 있다.

직원대표대회는 기업의 활성화와 기술발전의 촉진, 경제적 효익의 제고와 기업경영관리 및 분배제도, 그리고 직원의 생활 등 방면의 중요한 문제와 관련하여 의제를 정한다. 직원대표대회가 선거를 진행하거나 결의를 내려야 할 경우에는 반드시 전체 직원대표의 과반수가 찬성해야 한다. 또한 직원대표대회가 그 권한 내에서 결정한 사항은 직원대표대회의 동의가 없는 한 수정이 불가능하다.

직원대표대회 폐회閉會기간에 해결해야 할 중요한 문제가 있을 때에는 기업의 공회위원회에서 직원대표단과 책임자를 소집하여 연합회의를 개최함으로써 문제에 대해 협상하고 처리하여야 하며 차기 직원대표대회에 보고한 후 확인을 받아야 한다. 연합회의는 그 내용에 따라 기업의 당책임자 혹은 기타 관련된 인원에 참석하도록 요청할 수 있다.

Ⅲ. 직원대표대회제도의 본질

1. 공유제기업의 직원대표대회

공유제기업에서의 직원대표대회의 정의에 대해서는 기업법과 직원대표대회조례의 규정으로부터 알 수 있다. 즉 직원대표대회는 기업이 민주관리를 실행하는 기본 방식이며 직원이 민주관리의 권리를 행사하는 기관이다.[4] 이러한 규정으로부터 직원대표대회의 본질에 대해 다음과 같이 유추할 수 있다.

첫째, 직원대표대회는 권력을 행사하는 기관이다. 즉 직원대표대회의 권력은 법정성法定性을 가지며 대회가 규정에 따라 행사하는 권리는 전체 직원뿐만 아니라 기업에도 구속력이 있다.

둘째, 직원대표대회가 행사하는 권리가 곧 직원의 민주관리권리의 체현이다. 이는 소유권 및 경영권, 그리고 직원의 기타 권리와는 또 다른 권력이다.

셋째, 직원대표대회의 민주관리권리는 전체 직원의 권력으로서 응당 전체 직원의 의견과 이익을 반영해야 한다.[5]

기업에 대한 기타 민주관리방식에 비해 직원대표대회는 대표성이 강하고 직책이 분명하며 조직체계가 완전하다. 또한 관여하는 범위가 넓고 실행에 있어서 비교적 간편하다는 특징을 지니고 있어 민주관리의 기본적인 요구를 전면적으로 체현할 수 있었고 따라서 많은 직원들이 익숙해하고 쉽게 받아들이는 제도로 될 수 있었다.

2. 회사형 국유기업의 직원대표대회

회사법의 규정에 따르면 회사는 헌법과 관련 법률의 규정에 따

4· 전민소유제공업기업직원대표대회조례 제3조 및 기업법 제50조
직원대표대회는 기업이 민주관리를 실행하는 기본 방식으로서 직원이 민주관리권리를 행사하는 기관이다. 기업공회위원회는 직원대표대회의 업무기관이고 대회의 일상 업무를 책임진다.

5· 王全興, 『勞動法學』, 中國法製出版社, 2003, 289쪽.

라 직원대표대회 혹은 기타 방식을 통해 민주관리를 실행하며, 회사가 구조개편을 진행한다든지 회사경영에서 중대한 문제가 있거나 중요한 제도를 제정할 때에는 직원대표대회 혹은 기타 방식을 통해 직원의 의견과 건의를 들어야 한다(동법 제18조). 이로써 알 수 있는 것은, 회사에서의 직원대표대회는 결정기관, 감독기관도 아닌 주주총회, 이사회 및 감사회와는 독립된 하나의 기관으로서 회사 전체 직원에 의해 선출된 대표로 구성되었으며 민주관리권력을 행사하는 합의기관合議機構이자 직원이 기업경영에 참여하는 주요 방식이다.

3. 공유제기업과 회사형 국유기업의 직원대표대회의 차이점

국유기업개혁을 거쳐 현대기업제도를 수립한 국유기업에서의 직원대표대회제도는 비회사형 국유기업의 직원대표대회, 즉 기업법이 규정한 직원대표대회와 비교할 때 영향력 등 방면에서 큰 변화를 가져왔다.

첫째, 회사형 기업의 직원대표대회는 기업법이 규정한 비회사형 국유기업의 직원대표대회에 비해 그 권한이 약화되어 있다. 실제로 현행 회사법 하에서는 기업법과 달리 직원대표대회의 일부 권한을 주주총회 혹은 이사회가 행사하게 되는 경우도 있다. 예를 들어 회사법의 규정을 보면 회사의 중대사안의 결정은 주주총회가 내리고 경영자를 선임하는 직권은 이사회에 있다[6].

---

6. 曾娜, 「職工代表大會在公司中的地位和作用」, 『昆明理工大學學報(社科版)』, 제1권 제3기, 2001.

둘째, 기업지배구조에서 차지하는 지위도 다르다. 과거의 국유기업에서 직원대표대회는 기업의 최고 권력기관으로서 당위원회, 공회와 함께 기업지배구조를 형성하여 공장장책임제와의 균형을 이루었으나, 현대기업제도는 주주총회, 이사회, 감사회로 이루어진 기업지배구조를 형성하였고 직원대표대회는 회사의 新三會를 제외한 하나의 독립적인 기관이며 新三會의 전속권리를 행사할 수 없다. 그 지위도 新三會와는 비교가 안 되는 상황이다.

셋째, 권한 범위에도 차이가 있다. 비회사형 국유기업의 직원대표대회는 기업법이 규정한 법적인 권력기관으로 기업내부조직의 중요한 구성부분이며 기업의 중대한 경영결정, 중요한 제도 외에 직원의 복지에 관한 중요한 사안에 대해서도 결정권을 지니고 있다. 하지만 회사형 국유기업의 직원대표대회는 직원이 민주관리에 참여하는 기관으로서 그 경영결정권에 대해서 법률의 명확한 규정이 없다.

이처럼 직원대표대회의 지위나 작용은 비록 예전에 비해 다소 약화된 경향이 있으나 현재도 여전히 중국 절대다수의 국유기업에서 시행되고 있으며 직원대표대회가 기업민주관리의 기본제도로서 민주정치건설을 강화하고 사회주의정치문명을 발전시킨 관건이라는 것은 변함없는 사실이다.

Ⅳ. 직원대표대회제도의 권한 및 지위

1. 공장제도하의 국유기업

기업법과 직원대표대회조례의 규정에 따른 직원대표대회의 주요한 권한에는 기업 내의 중대한 결정에 대한 심의권, 중요한 규정제도에 대한 동의 혹은 거부권, 직원의 중요한 복지에 대한 결정권, 기업 지도자에 대한 평가 및 감독권, 공장장 선거권 등 5대 권리가 있는바 구체적으로 보면 다음과 같다.[7]

첫째, 정기적으로 공장장의 사업보고를 받으며, 기업의 경영방침과 연간계획 및 기술개조와 기술도입계획, 그리고 직원양성계획과 자본분배방안에 대해 의견과 건의를 제기하고 그 실행에 대한 결의를 내린다.

둘째, 공장장이 제출한 기업경제책임제방안과 월급조정계획, 포상금계획, 노동보호조치방안, 상벌제도 및 기타 중요한 제도에 대해 심의를 진행하고 통과여부를 결정한다.

셋째, 직원주택분배계획을 포함한 직원의 생활복지와 관련된 중대한 사안에 대해 심의를 진행하고 결정을 내린다.

넷째, 지도자와 각 급 간부에 대해 평가를 내리고 감독을 진행하며 지도자들의 상벌과 임면에 대한 건의를 제기한다.

다섯째, 기업행정지도자를 임명하거나 해임할 때 반드시 직원대표대회의 의견을 충분히 고려하여야 한다.

그밖에도 직원대표대회는 주관부서의 배치에 따라 민주적으로 공장장후보를 추천할 수도, 공장장을 선거할 수도 있다. 다만 공장장을 선거한 뒤에는 주관부서의 심사와 비준이 있어야 한다(동조례 제7조). 또 공장장이 그 직권 내에서 내린 결정에 이의가 있을 때 직원대표대회는 공장장에 건의를 제출할 수 있으며 상급 공회에

7· 전민소유제공업기업직원대표대회조례 第7조, 기업법 第52조.

보고하여 문제를 해결할 수 있다(동조례 제8조). 성진집체소유제직원대표대회조례城鎮集體所有制職工代表大會條例에서 규정한 직원대표대회의 지위와 권한은 더욱 높아 상술한 5가지 권리를 제외하고도 공장장과 부공장장을 파면하거나 임용하는 권한까지 추가되어 있다.

이렇듯 전통적인 국유기업(비회사형 국유기업)에서의 직원대표대회는 그 권리의 범위가 상당히 컸으며 명실상부한 기업의 최고 권력기관이라고 할 수 있었다.

2. 현대기업제도에서의 국유기업

국유기업개혁 이전의 시절 직원대표대회는 최고 권력기관으로서의 위치를 가지고 있었지만 기업개혁이 진행되고 현대기업제도를 형성하면서 직원대표대회의 권리는 점차 제한적으로 변화하였는데 현재의 직원대표대회는 단지 하나의 參議기관이라고 할 수 있고 그 구체적인 권한은 다음과 같다.

첫째, 직원의 이익과 관련한 문제의 토론에 참여할 권리가 있다. 1993년 회사법 제55조와 제121조는 직원의 월급, 복지, 생산안전, 노동보호 및 보험 등 직원의 이익과 밀접히 연관된 문제에 대해서는 우선적으로 공회와 직원의 의견을 청취해야 하며 공회 혹은 직원대표를 관련 회의에 출석할 것을 요청해야 한다고 규정하였다. 參議의 방식과 권한에 대해서는 회사 정관에서 구체적으로 규정할 수 있다. 2005년 회사법은 이 두 개의 규정을 폐지하였고 대신 제18조에서 회사의 공회는 직원을 대표하여 직원의 노동보수, 근무시간, 복지, 보험, 노동안전 및 위생 등 사항에 대해 회사와 협상하여 집단계약을 맺는다고 규정하고 있다. 집단계약은 직원대표대회의 심의를 거쳐야 하므로 노동 관련 사항의 결정은 궁극적으로 직원대표대회와 연관된다고 말할 수 있다.

둘째, 회사 생산경영 중 중대한 문제와 중요한 제도를 제정하는데 관한 토론에 참여할 권리가 있다. 1993년 회사법 제56조와 제122조는 이런 경우에도 역시 공회와 직원의 의견과 건의를 들어야 한다고 규정하였으며 2005년 회사법은 이 내용을 제13조 제3항에 포함시켰다.

셋째, 이사회 내의 직원대표를 선거하고 감독할 수 있는 권리가 있다. 1993년 회사법 제45조와 제68조는 두 개 이상의 국유기업 또는 기타 국유자본투자주체가 투자하여 설립한 유한책임회사 및 국유독자회사의 이사회에는 직원대표가 있어야 하며 그 대표는 직원의 민주적인 선거를 통해 선출되어야 한다고 규정하였다. 2005년 회사법은 이러한 규정을 국유기업에 제한하지 않고 모든 회사 유형에로 확대하였으며 제45조, 제68조 그리고 제109조에서 관련 사항을 규정하였다.

넷째, 감사회 중 직원대표를 선거하고 감독할 수 있는 권리가 있다. 1993년 회사법 제52조는 유한책임회사의 감사회는 주주대표와 직원대표가 일정한 비례로 구성되어야 하며 정확한 비율은 회사 정관에서 규정하며 감사회의 직원대표는 직원의 민주적인 선거로부터 선출된다고 규정하였다. 이외에 제67조는 국유독자회사의 감사회, 제124조는 주식회사의 직원감사제도에 대해 규정하였다. 2005년 회사법은 제52조, 제71조, 제118조에서 직원감사제도에 대해 규정하고 있으며 그 내용은 구 회사법과 큰 차이가 없다.

다섯째, 집단계약의 협상정황에 대한 공회의 보고를 듣고 계약의 초안에 대해 토론하고 통과시킬 권리가 있다.

제2절
직원대표대회제도의 실제 운영사례

국유기업개혁은 중국의 경제체제개혁의 가장 중요한 구성부분이라고 할 수 있으며 개혁은 기업의 현대적인 발전에 큰 공헌이 있는 것임은 의심할 바가 없다. 하지만 개혁이 진행됨에 따라 기존의 직원대표대회제도도 변화하게 되었다. 이 부분에서는 전통적인 국유기업으로부터 현대기업제도를 적용한 유한책임회사로의 변화를 거친 국유기업 T그룹의 직원대표대회 운영상황에 대해 알아보도록 한다.[8]

I. T그룹의 소개

T그룹은 주로 중형기계를 생산하는 기업이며 1949년에 설립된 이래 현대기업제도를 수립한 이후에도 줄곧 직원대표대회제도를 실천해온 기업이다. 그 직원은 가장 많을 때 6,000여 명에 다다랐으며 현재는 1,200여 명의 직원이 있는 대형 국유기업이다.

II. T그룹 직원대표대회제도의 변천사

T그룹은 1950년에 공장생산관리위원회를 설립하면서 기업관리

8· 蔡禾 · 李晚蓮, 「國有企業職工代表大會制度實踐研究——一個案例廠的六十年變遷」(2010)을 참조하여 정리한 내용이다.

에 대한 직원참여의 역사가 시작되었고 1951년 처음으로 직원대표회의를 소집하였으며 그 후 1953년 말까지 모두 4번의 회의를 소집하였다. 1957년 직원대표회의를 직원대표대회로 바꾸었고 그 해 6월 제1기 제1차 직원대표대회를 소집하였다. 그 뒤로 1960년, 문화대혁명시기의 1966년부터 1972년 및 1976년을 제외하고 매년 한 번 내지 네 번의 직원대표대회를 소집하였으며, 2010년 기준으로 T그룹은 도합 21기, 90여 차[9]의 직원대표대회를 소집하였다.

〈표1〉 1957년-2010년 T그룹 직원대표대회 소집 횟수

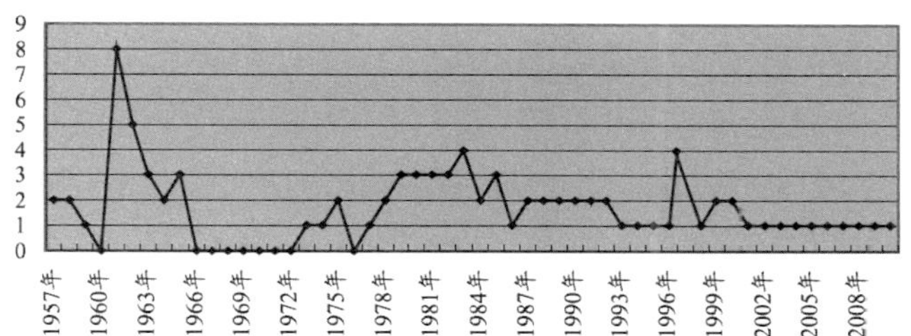

〈표2〉 1957년-2010년 T그룹 직원대표대회 지속일수

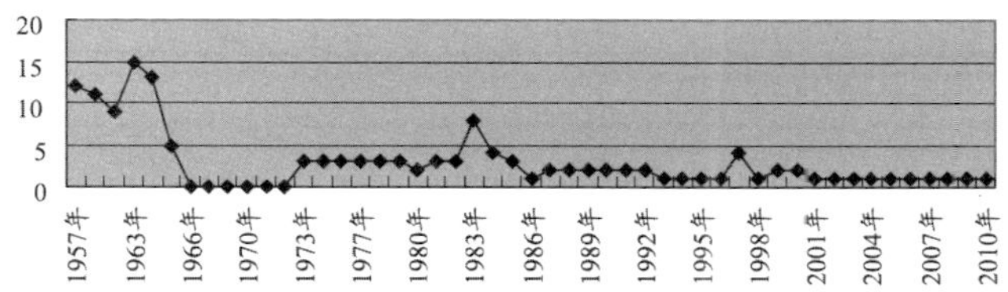

---

9 '기'와 '차'의 구분: 직원대표의 임기(2년)에 따라 매 임기가 한 기이며 한 기내에 소집한 회의의 수의 단위는 '차'로 구분한다.

하지만 표1과 표2를 보면 비록 직원대표대회제도를 줄곧 실행해오고 있었지만 직원대표대회를 소집하는 횟수와 회의가 지속되는 일수는 시기에 따라 선명한 차이가 있다. 중간에 직원대표대회가 활발히 진행되는 시기가 3차례 있었지만 전체적으로 볼 때 회의의 소집 횟수나 지속일수는 점차 감소되는 추세를 보이고 있다.

직원대표대회의 조직 및 체계에도 큰 변화가 생겼다. 우선은 직원대표대회의 의장단 구성의 변화이다. 1986년 이전의 의장단은 노동자, 관리자, 당조직의 주요한 지도자 등으로 구성되어 있었고 의장단 구성원의 선발도 여러 차례의 절차를 거쳐 진행되었지만 1986년 이후의 의장단은 매 차례의 회의마다 임시로 구성된 기관으로 그 구성원에 대해서는 공회가 관련 부처가 사전에 협상을 완료하여 직원대표대회에서 거수방식으로 통과하는 방법을 취한다. 또한 1986년 이후의 직원대표대회 의장단은 거의 행정지도자거나 공회지도자로 구성되었으며 일반 직원은 구성원에 포함되지 않고 있다. 직원대표대회 중 일반 직원의 비례 역시 감소하는 추세를 보이면서 대표의 구성은 점차 관료주의를 향해 발전하고 있다(표3 참조).

〈표3〉 T그룹 직원대표대회에서 일반 직원이 차지하는 비중

1957년	1961년	1963년	1973년	1978년	1984년	2007년
제1기	제3기	제4기	제11기	제12기	제14기	제20기
70.60%	70%	80%	70%	74.80%	56%	30%

직원대표대회 의제도 시기에 따라 차이점을 보인다. 1949년부

터 1957년까지 대회의 의제는 주로 생산계획초안의 작성과 생산활동과 관련한 의제였고, 1957년부터 1969년까진 국가의 사회주의건설시기에 맞추어 의제의 핵심어는 대부분 '국가계획', '증산절약' 등 생산 활동을 동원하는 내용이었다. 1979년부터 1991년까지의 기간은 국가가 기업개혁을 진행하던 시기로서 직원대표대회의 주요한 업무는 기업계획, 기업복지의 분배와 관련된 의제를 심의하는 것으로 이 시기 직원대표대회는 점차 직원이 민주관리를 진행하고 직원이익에 대해 의견을 내는 장소로 되었다. 그 주요한 내용을 보면 직원의 주택분배, 월급개혁, 상벌제도, 복지, 직원수칙 등이 포함되어 있었다.

1993년부터 T그룹은 제도개혁을 실시하기 시작하였으며 그때부터의 직원대표대회는 거의 형식상의 절차를 진행하는 데 불과하였다. 우선 기업의 총경리, 공회 주석, 당위서기가 차례로 보고를 진행하고 이 보고를 둘러싸고 토론을 진행한다. 가끔 보고내용을 벗어난 문제에 대한 직원의 제기가 있었지만, 점차 길어지는 보고시간과 점차 짧아지는 회의지속시간으로 인해 직원에게 있어 자유로운 토론의 시간은 상당히 제한적이라고 할 수 있다. 따라서 직원대표대회의 작용에 대한 직원의 평가와 태도 역시 점차 소극적으로 변하고 있다.

이러한 현상이 나타난 원인은 주로 두 가지가 있다.

첫째, 법률 및 제도상의 압박으로 인한 직원대표대회제도의 유지이다. 중국은 인민민주주의독재의 사회주의국가이며 인민은 국가의 주인이다. 이 국가성질의 합법성을 유지하려면 반드시 모종의 제도 확립을 통해 인민의 주인으로서의 권리를 보장해야 하는데 국유기업의 직원대표대회제도는 인민의 그런 권리를 체현할 수 있는 최선의 민주제도였다. 즉 직원대표대회제도는 단지 기업지배구조형성의 수요로 인해 실행하는 제도가 아니라 국가의 민주정치를 체현하는 임무도 떠맡고 있는 것이다. 이러한 제도의 환경아래, 국유기업은 경제적 이익을 창출하여 국가경제를 발전시켜야 할 뿐만 아니라 인민의 정치 권리도 구현해야 하는 큰 압박을 받고 있는 것이다.

둘째, 기업의 효율성에 대한 추구는 직원대표대회제도의 실행을 제약하는 원인이다. 기업은 이익을 목표로 하는 경제조직으로서 그 입장에서 바라볼 때 대리 비용을 낮추고 기업의 경제적 업적과 성과를 올리는데 유리한 조직기관을 설립하는 것이 기업의 유지와 발전에 있어서 더욱 좋은 선택이다. 만약 직원대표대회제도가 직원의 생산에 대한 열정과 적극성을 끌어내지 못하고 오히려 생산경영시간을 점용한다면 이는 기업자원의 낭비를 초래할 뿐만 아니라 기업의 운영비용도 증가시킨다. 이런 정황 하에서 기업의 경영자는 자연히 이 제도를 실행을 지지하고 발전시킬 계기를 상실하게 된다. 하지만 위에서도 언급했다시피 직원대표대회제도는 정치적 의미가 부여된 제도인 만큼 기업은 그에 대한 선택여지가 없다. 따라서 직원대표대회제도를 반드시 실행해야 할 경우에는 회의의 시간이 짧을수록, 심의내용이 적고 심의절차가 간단할수록 경영자의 선호에 부합하게 된다.

제3절
직원대표대회제도의 문제점과 개선방안

I. 현 직원대표대회제도의 문제점

첫째, 직원대표대회가 민주정치의 방면에서 적극적 작용을 한 것은 사실이나 현실적으로 보면 아직 해결해야 할 문제점들이 많아 보인다. 그 주요한 표현으로는 입법이 정체되어 있다는 것이다. 비록 법률은 국유기업의 직원대표대회제도 등에 대해 요구하고 있지만 기업개혁이 진행되고 많은 국유기업이 회사화를 진행하면서 기업법과 직원대표조례의 규정들은 그 적용범위가 점점 줄어들고 있다. 또한 회사법에서는 또한 회사형 기업에서의 직원대표대회의 지위와 권한, 그리고 책임에 대해 확실한 규정이 없다.[10] 다시 말해 법률상 규정은 존재하지만 대부분이 원칙적인 이론이고 규정이 너무 간략하여 현실에서 실현되기가 힘들다. 예를 들어 회사법은 단지 직원대표는 민주선거를 통해 선출된다고만 규정하고 대표의 자격, 조건, 대표가 기업관리에 대한 참여에서 방해를 받지 않는다는 보장 등에 대해선 명확한 규정이 없다. 이는 필연적으로 직원대표대회제도가 입법 측면에만 남아있고 실제로 적용이 힘든 상황을 초래하게 될 것이고 따라서 기업관리에서의 직원참여를 보장할 수도 없다.

또 초기의 기업법이든 최근의 회사법이든지를 막론하고 모두 직원대표대회를 위반한 행위에 대한 법적책임과 처벌에 대한 규정

---

10 殷昕, 「我國公司職工參與制度的立法現狀及發展構想」, 『法學之窗』, 2012, 25족.

이 부족하다. 이렇게 되면 기업은 직원대표대회를 개최하지 않더라도 법률상 불리한 결과가 없으며 직원의 합법적 권리가 침해당했다고 하더라도 구제수단이 전혀 없게 된다. 이러한 상황이 지속되다 보면 직원은 자연스레 직원대표대회제도에 대한 신뢰를 잃게 되고 적극성이 떨어지며 궁극적으로 제도는 단지 형식적인 존재로 전락될 가능성이 커지는 것이다.

둘째, 직원대표 자체의 원인으로 인해 직원대표대회의 효율성이 영향을 받고 있다. 우선 직원대표의 대표성이 강하지 않고 대표로서의 인식이 부족한 것이 가장 큰 원인이다. 현재 직원대표의 현황을 보면 일반 직원이 차지하는 비중은 점점 줄어들고 관료주의가 주를 이루고 있어 이러한 직원대표들이 진정으로 직원의 이익을 대표해 직원대표대회에 참가하기를 기대하기는 어려울 것으로 보인다. 또 직원대표는 일부 경우에 이미 내정되어 있는 상황도 있어 직원대표의 선출은 형식상의 절차에 불과하며 이는 직원대표 및 직원대표대회에 대한 직원의 기대치를 하락시키고 따라서 직원의 열정과 적극성을 절감시키는 결과를 가져올 수밖에 없게 된다.

셋째, 직원대표에 대한 감독체계가 불완전하다. 직원대표의 정상적인 임기는 2년이고 일반적으로 근무에서 큰 잘못이 없는 한 연임할 수 있다. 이런 격려제도와 감독제도가 모두 결여된 체제하에서 직원대표는 단지 과실만 없으면 된다는 태도로 일관하고 있어 직원대표대회는 큰 실질적인 성과를 내지 못하고 있다. 또 직원대표대회에서의 표결은 대부분 거수방식을 취하고 있어 직원대표들은 군중심리의 영향을 쉽게 받게 되므로 표결에서의 공정성을 잃게 된다.

넷째, 직원대표대회는 직원의 민주권리의 중요한 구성부분이지만 경영자의 직원대표대회의 지위와 작용에 대한 인식이 부족하고 따라서 직원대표대회는 형식적인 존재가 되어가고 있으며, 일부는 직원의 민주관리와 민주감독에 대해 배척하는 태도를 보이고 있어 직원의 민주권리를 침해하는 경우가 가끔 있다. 실제로 최근에 와서야 직원대표대회제도를 실행하거나, 심지어 아직까지도 이 제도를 실행하지 않는 기업도 상당수를 차지한다.

Ⅱ. 직원대표대회제도의 개선방안

국유기업의 직원대표대회제도는 중국 특색이 있는 사회주의 민주제도로서 국유기업의 발전과 사회주의민주에 대해 상당한 기여를 한 것은 틀림없는 사실이다. 따라서 지금 제도의 지위와 작용이 예전보다 못하다고 하여 제도를 부정하고 배척할 것이 아니라, 장점은 보존하고 문제점을 개선해나가면서 현 상황에 어울리는 제도로 재건함으로써 우수한 전통을 이어나가야 할 것이다.

1. 제도에 대한 입법의 보강

우선 중국 전통적인 직원대표대회제도는 입법이나 실천을 통해 형성된 것이 아닌 정치적인 의식형태에 따라서 건립된 것[11]이기 때문에 현대기업제도에 부합한 직원대표대회제도를 형성하려면 현대기업제도 하에서의 직원대표대회에 대해 다시 인식과 정의를

11· 周超, 『職工參與制度的法律研究』, 中國社會科學出版社, 2006, 248쪽.

진행하고 이에 대해 법적으로 명확하게 규정하며, 기업의 실천에 따라 부단히 개선하고 발전시킴으로써 그 역할을 충분히 할 수 있도록 해야 한다. 특히 직원대표대회조례는 직원대표대회제도의 실행에 있어서 주요한 근거로 되고 있지만 시행하기 시작한지 20여년이 지난 지금으로서는 현재의 시장요구에 부합하게 일부 수정의 필요성이 있어 보인다. 만약 조례에 대한 수정을 진행한 뒤 전국인민대표대회를 통해 법률로 전환할 수 있다면 이것도 나쁘지 않은 방법이라고 본다. 기존의 법률 규정에 대해서는 '반드시'라는 단어를 추가하고, 제도를 실행하지 않는데 대한 책임을 물음으로써 국유기업에서의 직원대표대회제도의 실행에 대해 강제성을 부여하고 제도의 보편적인 실행을 보장할 수 있다.

2. 제도의 건설을 강화

여기서 말하는 제도는 직원대표대회제도뿐만이 아닌 직원대표대회제도의 순조로운 실행을 위한 보조적인 제도도 포함되는바, ①직원대표선발제도, ②직원대표양성제도, ③직원대표평가제도 등 제도가 있을 수 있다.

직원대표선발제도에서는 직원대표의 자격에 대해 확실히 함으로써 진정으로 직원의 이익을 대표하는 것을 원칙으로 하여 직원대표를 선발할 수 있도록 일부 절차를 추가하여 규제를 가할 수 있다. 또 직원대표 중 기층의 직원 비례에 대해 최소 직원대표대회조례는 30%라고 규정했지만 그 수치를 좀 더 높임으로써 일반 직원들의 목소리가 높아지도록 해야 한다.

기업은 직원대표양성제도를 건설하여 정기적으로 직원대표에 대한 양성을 진행하며 직원대표가 기업의 전반적인 생산 활동과 경영관리에 대한 이해를 진행할 수 있고 민첩하고 적절하게 직원의 수요를 찾아 낼 수 있도록 하고, 또 대회에서 직원의 수요를 정확하게 전달하며 기업의 정책과 초안 등에 대해 정확한 판단을 내릴 수 있도록 전체적인 업무수행능력을 키워야 한다.

직원대표평가제도는 직원대표의 자기평가와 기타 직원이 직원대표에 대한 평가를 포함할 수 있는데, 직원대표의 업무수행상황과 평과결과에 따라 장려 및 패널티체제를 형성하여 채찍과 당근을 적절하게 분포함으로써 직원대표가 자기발전에 힘쓰고 잘못된 점에 대해 개선해나갈 수 있게 해야 한다.

3. 직원대표대회 직권의 확대

첫째, 기업 생산경영 중 중대한 문제와 중요한 제도를 제정하는데 대해서 현행 회사법은 규정하고 있는 의견과 건의를 제기할 수 있는 권리 대신 최소 심의권을 부여해야 한다. 생산경영 중의 중대한 문제나 기업의 중요한 제도는 기업 발전에 대해 중요한 영향을 끼칠 것이며 나아가서는 기업 성패의 관건이 될 수도 있다. 기업의 성패 여부는 직원이익과 밀접한 연관성이 있다. 때문에 이러한 사안들에 대해 직원대표대회는 비록 최종결정권은 없어도 그 최종결정에 직원의 의사가 충분히 반영될 수 있도록 해야 할 것이다. 따라서 기업의 중대한 사항에 대해서 직원은 응당 심의를 진행한 후에 의견을 제시할 수 있는 권리를 가져야 한다. 또 직원의 이익과 밀접한 관계가 있는 사항에 대해서는 단순한 심의권이 아닌 경영자와 함께 최종적인 결정권을 공동으로 행사하도록 함이 마땅하다고 생각한다.

둘째, 현행법의 규정에 의하면 공회는 직원을 대표하여 기업과 협상할 수 있는데, 직원대표대회 역시 이러한 권리를 지녀야 한다고 본다. 직원대표대회가 공회와 함께 노사 쌍방이 교류할 수 있는 다리를 제공함으로써 서로에 대한 이해를 도울 수 있고 충돌을 해소하며 노사관계가 악화됨으로 인해 생기는 손실을 막을 수 있다.

셋째, 기업 경영자에 대해 민주적인 평가를 내릴 권리를 행사함으로써 경영진에 대한 상벌, 임면에 대해 의견을 낼 수 있으며 이사의 선임과 해임에 대해서는 직원대표대회의 의견을 청취해야 한다. 즉 경영자에 대한 감사위원회와 직원대표대회의 이중감독을 진행하면서 경영자가 기업의 발전을 위해 힘쓰도록 해야 할 것이다.

넷째, 주주, 이사, 감사, 경리 등 인원이 법률법규 혹은 정관을 위반하여 회사에 중대한 손실을 입히고 중대한 과실이 있을 경우에는 직원대표대회도 직원을 대표하여 그 책임을 물을 수 있는 권리를 행사할 수 있게 해야 한다.

4. 경영자의 태도의 전환

입법 등 여러 가지 원인으로 인해 현재 형식적으로만 직원대표대회를 소집하는 기업이 많은 것은 사실이나 여전히 직원대표대회를 정기적으로 효율적으로 소집하는 기업도 상당수를 차지한다. 실제로 조사에 따르면 모 기업은 십여 년 전 경영자의 교체를 겪은 후 실적에서 줄곧 상승세를 이어왔는데, 물론 기타 원인도 있겠지만 이 기업의 가장 큰 특점은 직원대표대회를 잘 활용해왔다는 것이다.[12] 이 경영자에 대한 인터뷰에 따르면 기업은 정기적으로 직원대표대회를 소집해왔고, 매번 대회를 소집할 때마다 약 2개월 동안의 사전준비를 거쳐 각 부문의 직원의 수요를 미리 수용하고 정리함으로써 좀 더 효율적인 대회의 소집을 위해 노력했으며 시간이 지남에 직원들도 점차 적극적인 태도로 직원대표대회라는 기회에 임하였다. 이러한 경영자와 직원의 시너지효과로 인해 기업 실적상승이라는 효과를 보게 되었다.

이와 같이 직원대표대회제도는 잘 운용하기만 하면 직원은 자신의 의견을 유력하게 제기할 수 있어 어떠한 제도를 수립하거나 정책을 실시함에 있어서 직원과 경영자사이의 충돌이 적어지고 저항이 적어지며 결정의 집행력도 높아지게 된다. 경영자의 입장에서 볼 때 이는 자연히 그 부담을 훨씬 덜어주게 된다. 때문에 현재 같이 규정상의 결여가 더러 존재하는 상황으로서는 사실 직원대표대회제도의 실행은 상당한 유연성을 갖고 있어 어느 만큼의 효과를 가져 오게 될지는 경영자의 태도에 따라 많이 달라진다는 것이 필자의 견해이다.

12· 이 부분은 중국 XX성에 위치한, 국가가 소유하고 있는 병원인 Z병원의 병원장과의 인터뷰 내용을 정리한 것이다.

05

기관참여: 직원이사 · 감사제도

제1절
직원이사 · 감사제도의 일반론

I. 직원이사 · 감사제도의 정의 및 발전

1. 직원이사 · 감사제도의 정의

직원이사 · 감사제도는 이사회와 감사회 중의 직원대표제도라고 할 수 있는데, 법률의 규정에 따라 직원대표대회 또는 기타 민주적인 방식을 통해 선출되거나 공회의 파견을 받은 직원대표가 회사의 이사회 및 감사회의 구성원이 됨으로써 직원을 대표하여 기업결정에 참여하고 감독의 작용을 하는 제도를 가리킨다.[1]

---

[1] 楊冬梅, 「職工董事職工監事制度立法現狀及前瞻」, 『中國勞動關係學院學報』, 2008.

직원이사와 직원감사는 일반적인 이사나 감사에 비해 특수성을 지니고 있다. 일반적인 이사 · 감사가 주주의 이익을 대표하는 것이라면 직원이사 · 감사는 직원의 이익을 대표하여 그 권한을 행사하게 되기 때문이다. 또 직원이사 · 감사의 이중적인 신분도 주의해야 할 문제이다. 직원이사 · 감사는 기업의 직원대표로서 직원의 이익을 위해 기업지배구조에 참여해야 하는 한편, 동시에 이사회와 감사위원회의 구성원으로서 이사 · 감사로서의 직책을 다하여야 하며 이사회와 감사위원회의 결의와 결정을 따르고 회사에 충실의무와 선관주의의무를 이행할 것을 요구한다.

2. 직원이사 · 감사제도의 발전

직원참여제도의 중요한 방식 중 하나인 직원이사 · 감사제도를 연구함에 있어서 빠질 수 없는 것이 바로 독일의 공동결정제도이다. 이는 앞부분에서 잠깐 언급했던 바이다.

그 발전과정을 살펴보면 우선 바이마르헌법 제156조는 노동자 및 직원은 공장주와 함께 평등하게 공동으로 월급 및 노동조건에 대해 결정할 권리가 있다고 규정함으로써,[2·] 이는 독일의 직원참여제도의 법제화에 중요한 기반을 제공하였다. 따라서 1920년의 직장평의회법에서도 기업의 감사위원회에는 반드시 한 명 내지 두 명의 노동자대표가 있어야 하며, 20명 이상의 노동자를 고용한 기업에서는 반드시 직장평의회를 설립해야 하며, 직장평의회는 집단노동계약의 이행에 대해 감독을 실시하고, 계약에서 정하지 않은

2· 賈利霞, 「職工董事職工監事制度研究」, 中國內蒙古大學 民商法碩士畢業論文, 2007, 10쪽.

사항에 대해서 경영자와 교섭을 진행한다고 규정하였다.

공동결정제도는 독일의 기업지배에서의 큰 특징이라고 할 수 있는데, 이 제도는 국가가 입법을 통해 자본과 노동의 동등한 권리, 경제민주주의 등을 위하여 사회복지, 인사정책 등에 관하여 공동결정을 하도록 정한 제도이다. 공동결정제와 관련된 1922년의 최초의 법규정은 1934년 나치정권이 등장과 함께 폐지되었다가 종전 후에 철강산업에서 재개되면서[3] ①1951년 석탄 · 철강산업 공동결정법(몬탄공동결정법), ②1952년 경영조직법(1972년 수정), ③1976년 공동결정법 등 세 가지 핵심입법과 함께 공동결정제의 발전은 새로운 국면을 맞이했다.[4]

몬탄공동결정법은 석탄 및 철강산업의 직원이 공동결정에 참여할 수 있도록 법률로써 확정하였고 직원이 1,000명 이상인 광업주식회사와 강철식산공업에 적용된다. 동법은 감사위원회에서 노사동수勞資同數의 참가규정을 따르는바, 즉 회사의 감사위원회는 11명의 감사로 구성되는데(대기업일 경우 15명 혹은 21명으로 증가될 수 있다.) 노사 양측 각 5명의 대표와 연합추천을 통해 임명된 한 명의 감사위원회 위원장을 포함한다. 이 규정은 직원대표와 주주대표가 동 비례로 감사위원회에 참가하는 선례를 개척하였으며 노사의 동등한 권리실행을 형식상이 아닌 실질적으로 실현하였다는 평가를 받고 있다.

1952년에 제정된 경영조직법이 규정하는 공동결정은 각 작업장에서의 노사이해관계를 조정하고 상호 협업을 그 목표로 하고 있으나 공동의사의 형성이거나 합의의 달성 등 방면에서 문제가 존

3· 최형익, 「독일 노사관계의 구조와 동학: 공동 결정제를 중심으로」 『국제지역연구』 제89권 41호, 95쪽.

4· 李立新, 『勞動者參與公司治理的法律探討』, 中國法製出版社, 2009, 86~88쪽 참조.

재하고 있었다. 1972년에 수정하여 제정된 경영조직법의 골지 역시 공동결정권인데, 결정사항에 따라 결정권한의 크기에도 차이가 있다. 그 중 중요한 결정참여권에는 기업규정, 근무시간, 휴가관련 규정, 산재방지, 직업병에 관한 규정이 포함되어있다.

1976년의 공동결정법은 2000명 이상의 노동자를 고용한 기업에 적용되며 감독위원회 설립시 역시 1951년 몬탄공동결정법에서 채택한 노사동수 참가규정을 그 원칙으로 한다.

이 세 법률을 핵심으로 하여 독일의 노사공동결정제도체제가 구축되었고 이 제도는 유럽, 나아가 세계 각 국의 기업입법에도 큰 영향을 끼치게 되었다.

중국에서 직원이 기업결정에 참여하는 제도의 역사를 보면 직원이사 · 감사제도 전에도 존재했었던 적이 있는바, 바로 국유기업 개혁을 실행하기 전 한동안 시행했었던 공장관리위원회제도이다. 1953년 이후 잠시 폐지되었던 이 제도는 1988년 기업법이 공표됨에 따라 기업관리위원회의 형식으로 다시금 출현하게 되었다. 그 후 국유기업개혁이 심화되고 1993년 회사법이 제정되면서 처음으로 법률로써 직원이사 · 감사제도를 규정하였으며 회사법의 몇 번의 수정을 거쳐 직원이사 · 감사제도를 계속 발전해왔다.

Ⅱ. 직원이사 · 감사제도를 수립하는 중요성

첫째, 직원이사와 직원감사는 회사의 직원이 민주적인 절차를 통해 선출한 대표이자 이사 혹은 감사의 신분을 가지고 있다. 이러한 이중적인 신분은 노사관계 쌍방의 연결 고리가 되어 직원의 입장에서 그 권익을 보호하는 동시에 노사관계를 조절하는 작용을 하고 있다. 현대의 기업경영에서 기업의 투자자가 지배적 지위를 차지하고 직원은 약세에 처해 있으므로 노사 쌍방의 대립은 불가피한 상황에서 직원이사와 직원감사는 기업의 결정에 참여하고 감독함으로써 기업의 결정을 충분히 파악하고 이해할 수 있으며 근무조건, 복지, 월급, 보험 등 직원의 이익과 밀접히 관련된 사항에 대해서는 고용자측과의 소통을 통해 협상을 진행할 수 있다. 동시에 이런 참여를 통해 얻은 정보들을 이용하여 직원들로 하여금 기업의 관리와 결정에 대해 어느 정도 이해할 수 있게 도울 수도 있다. 즉 결과적으로 이 제도를 통해 주주이익과 직원이익의 상대적 평형을 토대로 하여 직원의 이익을 최대한도로 보호하는 것이다.

둘째, 직원이사 · 감사제도는 기업지배구조를 개선하여 더욱 완벽한 감독체제를 형성하는 것을 촉진할 수 있다.[5] 현재 기업경영에 대한 정보의 불균형으로 인해 기업자본의 소유권자인 주주보다는 이사가 기업의 실질적인 지배자의 역할을 하게 되는 경우가 종종 있다. 이렇게 되면 경영자가 주주의 이익을 침해하는 조건을 제공하게 되는데 이 문제를 해결하려면 주주뿐만이 아닌 기타 역량의 개입도 필요하다. 직원이사 · 감사제도는 이사진 구성의 다원화多元化와 감사위원회 기능의 강화를 실현함으로써 경영자에 대한 감독과 제약을 강화할 수 있고 정보장악방면에서의 주주의 열세를 어느 정도 보완할 수 있으며 정보 불균형의 문제를 해소하여 내부자가 정보우세를 이용하여 발생할 수 있는 문제를 감

5· 賈利霞, 앞의 논문, 2~3쪽 참조.

소시킬 수 있다.

셋째, 직원이사·감사제도는 직원으로 하여금 근원으로부터 기업의 경영관리에 참여할 수 있도록 하므로 민주관리를 실현하는 데도 유리하다. 직원이사와 직원감사가 제도의 규정을 통해 이사회와 감사위원회에 진입하고 기업의 경영관리에 참여할 수 있고 따라서 기업이 결정을 내림에 있어서 직원의 이익도 충분히 고려할 수 있게 되었으며 이로써 주주와 직원은 이익공동체가 되어 직원의 기업주인으로서의 지위도 어느 정도 보장할 수 있게 된다.[6]

Ⅲ. 직원이사·감사제도 관련 주요입법과 규정

1. 회사법 규정

(1) 1993년 회사법

직원이사·감사제도에 대한 법률규정은 1993년 제정한 회사법으로부터 시작되었다. 1993년 회사법 제45조는 두개 이상의 국유기업 또는 두 개 이상의 국유투자자가 투자하여 설립한 유한책임회사의 직원이사제도를, 제68조는 국유독자회사의 직원이사제도를 규정하였으며 그 직원대표는 민주선거를 통해 선출되어야 한다고 명시하였다. 또 직원감사에 대해서는 "감사위원회는 주주대표와 일정한 비례의 직원대표로 구성되어야 하고 그 비례는 정관

6· 賈利霞, 위의 논문, 3쪽.

에서 정하며 직원대표는 민주선거를 통해 선출된다"고 규정하였다. 이 조항들은 기업의 이사회와 감사위원회에 직원의 참여가 있어야 함을 법률로써 규정하면서 직원이사 · 감사제도를 확립하였다.

다만 1993년 회사법의 규정은 직원이사에 대해 "두 개 이상의 국유기업 또는 두 개 이상의 국유투자자가 투자하여 설립한 유한책임회사"와 국유독자회사에 한정하고 기타 형식의 회사에는 따로 규정을 하지 않고 있어 다소 법률상의 빈틈이 있는 것으로 볼 수 있다. 또 비록 회사법에서 직원이사와 직원감사에 대해 규정하긴 했지만 구체적인 인원수라든지 직원대표가 차지하는 비중, 그리고 직원이사와 직원감사의 권리와 의무 등에 대해서 명확한 규정이 없어 제도의 운영성이 높지 않았다.

이 후 중국 시장경제와 현대기업제도의 진일보 발전에 따라 회사법은 1999년에 제1차 수정을 거치게 된다. 국유독자회사에 대한 감독체계가 불완전함으로 인해 대량의 국유자산이 유실된 상황에 대처하기 위해 회사법은 국유독자회사도 응당 감사위원회를 설립하여야 하며 그 중 직원대표가 포함되어야 한다는 규정을 추가하였다. 이는 중국의 직원이사 · 감사제도의 기본적인 완성을 추진하였으며 이번 수정에서 가장 중요한 내용이라고 할 수 있다. 하지만 수정된 회사법 역시 직원이사 · 감사제도의 실행과정에서의 구체적인 사항에 대한 규정이 없었다.

(2) 2005년 회사법

2005년 전국인민대표대회는 회사법에 대해 전면적인 개정을 진행하게 된다. 이번 수정은 현대기업제도가 기본적으로 수립을 완성한 시기에 제도를 더욱 규범화하기 위한 중요한 조치라고 할 수 있다.

개정을 거친 후 직원이사 · 감사제도에 대한 내용이 상대적으로 풍부해졌다고 할 수 있는데 특히 회사의 사회적 책임을 규정하면서 직원이사 · 감사제도에 대한 이론적 근거를 제공하였다. 또 개정전의 회사법은 직원이사 · 감사의 인원수, 비례를 구체적으로 규정하지 않은 반면 2005년 회사법은 직원감사는 감사위원회 인원의 3분의 1이상이어야 한다고 명확하게 규정하였다. 다만 직원이사의 인원수에 대해선 역시 구체적인 규정을 하지 않고 있다. 직원이사 · 감사의 선출방식에 대해서도 개정 전 회사법은 민주선거를 통해 선택된다고만 규정하였지만 2005년 회사법은 직원이사 · 감사는 직원대표대회, 직원대회, 또는 기타 민주선거를 통해 선출된다고 명시하였다.

〈표4〉 직원이사 · 감사제도에 대한 회사법 규정의 변화

	직원이사에 대한 규정	직원감사에 대한 규정
1993년 회사법	①두개 이상의 국유기업 또는 두 개 이상의 국유투자자가 투자하여 설립한 유한책임회사의 이사회에는 응당 직원대표가 있어야 한다. 직원대표는 민주선거의 방식으로 선출된다.(제45조 제2항) ②국유독자회사의 이사회는 3명 내지 9명으로 구성되며 국가가 수권한 투자기관이거나 부처에서 이사회의 임기에 따라 임명하여 파견하거나 교체를 진행한다. 이사회의 구성원 중에는 응당 회사직원대표가 있어야 하며 직원대표는 민주선거를 통해 선출된다.(제68조 제2항)	①유한책임회사의 감사위원회는 주주대표와 일정 비례의 회사직원대표로 구성되며 상세한 비례는 회사 정관에서 규정하고 직원대표는 민주선거를 통해 선출된다. 규모가 비교적 큰 유한책임회사의 감사위원회는 3명 이상으로 구성되어야 한다. 주주수가 적거나 규모가 비교적 작은 회사는 1명 내지 2명의 감사를 둘 수 있다.(제52조 제1항, 제2항) ②주식유한회사의 감사위원회는 주주대표와 일정 비례의 회사직원대표로 구성되며 상세한 비례는 회사 정관에서 규정한다. 직원대표는 민주선거를 통해 선출되며, 이사, 경리 및 재무관리책임자는 감사와의 겸임이 불가하다.(제124조 제2항)

1999년 회사법 수정	없음	국유독자회사의 감사위원회는 주로 국무원 혹은 국무원이 수권한 기관이나 부처에서 파견한 인원으로 구성되고 구성원 중에는 회사의 직원대표가 있어야 한다. 감사의 인원수는 3인 이상이어야 한다.(제67조)
2005년 회사법	①… 두개 이상의 국유기업 또는 두 개 이상의 국유투자자가 투자하여 설립한 유한책임회사의 이사회에는 응당 직원대표가 있어야 한다. … 직원대표는 직원대표대회, 직원대회 혹은 기타 방식의 민주선거를 통해 선출된다.… (제45항) ②… 국유독자회사의 이사회 구성원 중에는 응당 회사의 직원대표가 있어야 한다. 국유독자회사의 이사는 국유자산감독관리기관에서 파견하지만 직원대표는 직원대표대회에서 선거를 통해 선출된다.… (제68조) ③주식유한회사의 이사회 구성원 중에는 직원대표가 있을 수 있다. 그 직원대표는 직원대표대회, 직원대회 또는 기타 방식의 민주선거를 통해 선출된다.(제109조 제2항)	①유한책임회사의 감사위원회는 구성원이 3인 이상이어야 한다. … 감사위원회는 응당 주주대표와 일정 비례의 직원대표로 구성되어야 하며 직원대표는 1/3보다 작아서는 아니 된다. 상세한 비례는 회사의 정관에서 규정한다. 감사위원회 중의 직원대표는 직원대표대회, 직원대회, 또는 기타 방식의 민주선거를 통해 선출된다.… (제52조) ②국유독자회사의 감사위원회는 그 구성원이 5인 이상이여야 하며 그중 직원대표의 비례는 1/3보다 작아서는 아니 된다. 감사위원회의 구성원은 국유자산감독관리기관에서 파견하나, 직원대표는 직원대표대회에서 선거를 통해 선출된다.… (제71조 제1항, 제2항) ③주식유한회사의 감사위원회는 3인 이상이어야 한다. 감사위원회는 주주대표와 일정 비례의 직원대표로 이루어지며 직원대표의 비례는 1/3보다 작아서는 아니 되고 상세한 비례는 회사의 정관에서 규정한다. 감사위원회 중의 직원대표는 직원대표대회, 직원대회 또는 기타 방식의 민주선거를 통해 선출된다. … (제118조 제1항, 제2항)

2. 기타 직원이사에 관한 관리방법 및 의견

직원이사와 직원감사에 대한 규정에서 비교적 중요한 것은 국자위가 공포한 직원이사에 대한 관리방법과 중화 전국 노동조합총연합회(이하 전국 노총)의 의견中華全國總工會關於進一步推行職工董事、職工監事制度的意見이 있다.

국자위가 반포한 관리방법에는 주요하게 2006년의 이사회시범 국유독자회사의 직원이사에 대한 관리방법(시행)國有獨資公司董事會試點企業職工董事管理辦法(試行)과 2009년의 이사회시행중앙기업[7] 의 직원이사 직책이행에 대한 관리방법董事會試點中央企業職工董事履行職責管理辦法이 포함되는데, 2006년 관리방법은 이사회를 시행하는 국유독자회사 직원이사의 인원수, 선발자격 및 선발과정, 그리고 권리와 의미 등에 대해 내용이 보다 자세하게 규정하고 있고, 2009년 관리방법의 적용범위는 이사회를 시행하는 중앙기업인바, 기업의 직원이사의 특수한 직책과 근무조건에 대해 규정하고 있다.

또한 중국 특색이 있는 현대기업제도의 수립을 추진하고 직원의 민주결정, 민주관리 및 민주감독의 권리를 보장하며 안정된 노사관계를 형성하고 기업의 발전을 도모하기 위해 회사법의 관련 규정에 따라 2006년 전국 노총은 직원이사 · 감사제도에 대한 의견을 제기하였다. 전국 노총의견 역시 주요하게 직원이사와 직원감사의 자격조건, 선발과정과 직책에 대해 규정하고 있다.

국자위가 반포한 두 관리방법과 전국 노총의 의견은 비록 내용상에서 회사법의 규정보다 더 세밀하지만 법체계에서의 순위가 높은 것이 아니고, 특히 국자위의 관리방법은 각자 국유독자회사와 중앙기업에 한하고 있어 통일적으로 적용하여 완전한 제도의 체계를 이루기에는 부족한 감이 있다.

7· 중앙기업은 중앙정부가 감독하고 관리하는 국유기업을 가리킨다.

제2절
직원이사 · 감사제도의 실제 운영사례

1993년 회사법에서 직원이사 · 감사제도를 규정한 이래 제도는 짧지 않은 시간 동안 발전을 겪어왔다. 따라서 이 부분에선 이러한 제도가 실제에서 어느 정도로 운영되는지, 운영과정에서 구체적으로 어떠한 문제가 존재하는지를 베이징자동차그룹北汽集團의 사례를 통해 알아보도록 한다.

I. 베이징자동차그룹의 소개

베이징자동차그룹은 총칭은 베이징자동자집단유한회사北京汽車集團有限公司이며 32개의 기업으로 구성된 50여년의 역사를 가지고 있는 대형 기업집단이다. 중국 5대 자동차그룹[8] 중 하나이며, 중국의 현대제조업을 이끌어가는 주도적 산업이기도 하다. 또한 베이징자동차그룹은 다이러크라이슬러기업과 한국의 현대자동차그룹 등 회사와의 전략적 합작도 적극적으로 추진하여 여러 국제적 브랜드와 자국 본토브랜드를 보유하면서 그 입지를 굳히고 있다.

8· 중국 5대 자동차그룹에는 上汽集團, 一汽集團, 東風汽車, 長安汽亘, 北汽集團 등이 포함된다.

Ⅱ. 베이징자동차그룹 직원이사 · 감사제도 설립정황[9]

〈표5〉 베이징자동차그룹 기업유형 분포(2008년 기준)

유형	국유독자기업	국유지분지배회사	국유지분참여회사	기타(중외합자회사 등)
개수	9	8	9	6

베이징자동차그룹의 본사를 포함한 32개 기업의 분포를 보면 위의 표와 같다. 이 중 현대기업제도에 따라 회사형 기업을 설립한 회사는 19개인데, 이 19개의 기업은 모두 이사회를 설립하였고, 그 중 13개의 기업이 감사위원회를 설립하였다. 19개의 기업 중 국유독자기업 및 국유지분지배회사는 10개를 차지하며 그 중 직원이사를 둔 기업은 6개, 6개의 기업 중 4개 기업은 공회 주석이 이사회에 가입하였고 나머지 2개 기업은 일반 직원대표가 직원이사직을 맡고 있다. 감사위원회를 설립한 13개의 기업 중 직원감사를 둔 기업은 8개에 다다른다.

이는 2000년[10]에 비해 큰 변화를 가져왔는데 변한 건 기업의 숫자뿐만 아니라 제도에 대한 직원의 태도 역시 전에 비해 훨씬 적극적으로 변했다. 직원이사 · 감사제도는 직원으로 하여금 기업과 이익공동체라는 느끼게 되었고 기업의 장기적인 발전에 대해 관심을 가짐으로써 적극성과 창의성을 충분히 발휘하도록 하였다.

9· 이 부분은 베이징자동차그룹 공회의 2008년 발표내용에 근거하여 정리한 것이다.

10· 2000년 기준으로 당시 현대기업제도에 따라 기업지배구조를 구성한 기업은 모두 10개이고, 직원이사를 둔 기업은 4개, 직원감사를 둔 기업은 2개이다.

Ⅲ. 제도의 운영에서 존재하는 문제점

비록 베이징자동차그룹의 직원이사 · 감사제도가 눈에 띄는 발전을 가져왔다고 하지만 그 실행과정에서는 여전히 많은 장애물과 문제가 존재하고 있다.

첫째, 제도의 설치현황에서도 알 수 있다시피, 직원이사 및 직원감사제도를 실시하는 기업은 소수를 차지하며 그 중에서도 국유독자회사와 일부 유한책임회사 위주로 제도를 실행하고 기타 유형의 회사가 차지하는 비율은 상당히 낮다. 이는 법률규정의 부재로 인한 결과인바, 회사법은 모든 회사유형에서 직원감사를 규정한 반면, 직원이사에 대해서는 국유독자회사와 유한책임회사는 응당 직원이사가 있어야 하고 기타 유형의 회사에 대해서는 직원이사가 있어도 된다고만 규정하여 그 강제성에서 큰 차이가 존재한다. 이로써 유발한 결과는 직원대표가 회사의 감사위원회에 진입하기는 쉬우나 직원이사가 되기에는 어려움이 존재하고 있다.

둘째, 베이징자동차그룹에서 이사회를 설립한 기업 중 6개 기업이 감사위원회를 설립하지 않았는바, 그 중 5개가 바로 중외합자기업이다. 이는 관련 법률 규정의 부재를 여실히 반영하고 있다. 중외합자경영기업법中外合資經營企業法을 보면 중외합자기업은 이사회를 설립해야 한다는 규정이 있지만 감사위원회에 대해서 따로 규정하지 않고 있다. 비록 회사법에는 감사위원회의 설립규정이 있지만 외국투자기업에 대해서는 외국투자기업에 관한 규정을 우선으로 적용하도록 되어있기 때문에 외국투자기업의 감사위원회에 대해서는 강행규정이 없는 것으로 볼 수 있다. 따라서 이러한 기업에서는 직원감사도 자연히 두지 않게 된다.

셋째, 이사회의 정원이 제한되어 있어 직원대표가 이사회에 참여하기 어렵게 되었다. 실제로 이사회에 직원대표가 있는 기업이라고 할지라도 직원이사는 한 명 내지 두 명 정도밖에 없다.

넷째, 불완전한 기업지배구조로 인해 일부 직원이사와 직원감사는 그 존재가 유명무실하다고 할 수 있다. 많은 국유기업에서 이사회와 감사위원회의 존재는 빈껍데기에 불과하고 그 운영절차는 규범화되지 못하며 최종적인 경영결정은 여전히 소수의 지도자가 내리는 경우가 빈번하다. 때문에 이론상으로 직원이사와 직원감사는 직원대표로서 직원대표대회에서 업무를 보고해야 하는 동시에 또 이사 혹은 감사로서의 업무규칙과 기율을 지켜야 하지만 실제로 상당히 난처한 상황에 처한 경우가 많으며, 또 특히 국유독자회사를 비롯한 내부인 통제현상이 심한 기업에서는 직원이사와 직원감사는 그 독립성을 유지하기 더욱 힘들 것으로 보인다. 그러면 직원이사와 직원감사는 그 기능을 제대로 발휘하지 못하게 되어 직원이사 · 감사제도는 사실상 무의미해지게 된다.

제3절
직원이사 · 감사제도의 문제점과 개선방안

I. 현 직원이사 · 감사제도의 문제점

첫째, 직원이사 · 감사제도의 현황을 보면 가장 큰 근본적인 문제는 기업개혁을 거쳤음에도 불구하고 많은 국유기업은 이사회와 감사위원회를 설립하지 않았다는 점이다. 이는 아예 직원이사와 직원감사를 논할 여지조차 주지 않는다. 또 이사회와 감사위원회를 설립한 기업이라 할지라도 직원이사 · 감사제도는 충분히 기능을 발휘하지 못하고 있다. 직원이사 · 감사제도는 중국의 기업지배구조의 중요한 구성부분이다. 과학적이고 규범적인 직원민주관리를 추진하고 더욱 발전한 직원이사 · 감사제도를 형성하기 위해 회사법은 여러 규정을 하고 있지만 진정으로 그 목적을 이루려면 아직도 많은 노력과 개선이 필요하다.

둘째, 직원이사와 직원감사에 대해 현행 회사법은 비록 국유독자회사와 유한책임회사, 그리고 주식회사에 모두 직원감사를 둘 것을 규정하고 있지만 직원이사에 대한 규정은 일부 차이가 있다. 즉 국유독자회사와 유한책임회사는 이사회에 직원대표가 '응당' 있어야 하는 반면 주식회사는 직원이사가 '있어도 된다.' 이 말은 주식회사는 직원이사를 두지 않아도 된다는 해석도 가능하다. 기업의 유형에 따라 직원이사에 대한 규정의 차이를 두는 것은 직원참여제도의 큰 구멍으로서 논리적으로 이해가 되지 않는 것은 분명하다.

셋째, 직원이사와 직원감사는 주로 직원대표대회로부터 선출되는데 위에서도 제기했다시피 현재 직원대표대회의 정황이 낙관적이지 않은 만큼 이는 직원이사 · 감사제도에 대해서도 필연적으로 영향을 끼치게 될 것이다. 또 회사법을 보면 여전히 직원이사 · 감사의 권리와 의무, 그리고 책임이나 임기, 임면사항에 대한 명확한 규정이 부족하며, 직원대표대회와 마찬가지로 회사의 경영자 혹은 주주가 직원대표의 합법적 권리를 침해할 때 그 책임을 물을 수 있는 구제수단에 대해서도 규정이 없다.

넷째, 직원이사와 직원감사의 직무수행에 대한 정보의 공개가 부족하다. 직원이사와 직원감사는 직원이익을 대표하여 기업의 기관에 참여하였기에 직원은 직원이사 및 직원감사가 어떠한 작용을 하고 어떠한 업무를 수행하며 얼마만큼 직원의 이익을 위해 노력했는지를 알 권리가 있다. 비록 직원대표대회에서 업무집행에 관해 보고를 한다지만 현실적으로 직원대표대회는 일부 직원대표만 참석할 수 있으므로 정보공개를 진행하지 않는 이상 일반 직원들은 그 내용에 대해 알 방법이 없다.

Ⅱ. 직원이사 · 감사제도에 대한 개선방안

1. 관련 법률의 보완 및 제정

직원이사 · 감사제도의 현존하는 문제점들이 생기게 된 가장 큰 이유는 확실한 법률의 규정이 없기 때문이다. 따라서 일단 회사법을 보완하여 더욱 구체적인 규정으로 직원이사 및 직원감사의 기능이행이 법률상의 보장을 받도록 하는 것이 급선무라고 본다. 혹은 비교적 추상적이고 분산되어있는 회사법의 규정 대신 직원이사제도와 직원감사제도를 통합적이고 구체적으로 규정하는 단행법을 제정 · 시행하여 하는 것도 고려해볼 수 있다고 본다.

2. 직원이사제도의 적용범위의 확대

기업유형에 따른 직원이사제도의 규정상의 차이는 법률상의 불평등을 초래하며 직원의 이익과 적극성에 직접적으로 타격을 가한다. 때문에 모든 유형의 기업이 직원이사제도를 적용할 수 있도록 일관성 있고 통일적인 규정을 적용해야 할 것이다.

3. 직원이사 · 감사의 선임

첫째, 직원이사 · 감사로 선정되려면 우선 기업의 직원이어야 한다. 하지만 모든 직원이 그 후보자가 될 수는 없다. 회사법 및 국자위의 관리방법과 전국 노총의견의 규정에 따르면 ①이사 및 고위 경영자는 감사를 겸임할 수 없고, ②회사의 당위서기, 공회의 주석을 겸임하지 않은 당위부서기 및 기율검사위원회의 서기, 그리고 회사의 총경리와 부총경리, 총회계사는 직원이사의 후보에서 배제하며, ③공회의 주석을 겸임하지 않은 고위 경영자는 직원이사 혹은 직원감사를 맡지 못한다.[11] 하지만 이러한 규정은 고급 경영진에 한하거나 일부 유형의 기업에만 한하고 있어 보편적인 구속력이 부족하다. 때문에 회사법은 이러한 규정들을 참조하면서 직원이사 · 감사의 후보자자격에 대해 규정해야 한다.

둘째, 직원이사와 직원감사(국유독자회사 제외)의 선임에 대해 회사법은 직원대표대회 또는 기타 민주적인 방식을 통해 직원이사를 선거할 수 있다고 규정하였으나 구체적인 절차에 대한 언급이 없으므로 실제 집행에서 여전히 어려움을 겪고 있다. 비록 국자위의 관리방법과 전국 노총의 의견에서 일부 절차에 대한 규정을 찾을 수 있지만 위에서 언급했던 구속력의 원인으로 인해 실제 상황에서의 적

---

11 · 2014년 회사법 제52조 제4항; 이사회시범 국유독자회사의 직원이사에 대한 관리방법(시행) 제6조; 중화 전국 노동조합 총연합회(中華全國總工會, 이하 전국 노총)의 의견 참조.

용이 어려움을 겪고 있다. 후보선정방법, 선거절차, 선거방식, 표결방식 등 직원이사 · 감사의 선거과정에 대해서는 회사법의 구체적인 규정이 필요할 것으로 보인다.

셋째, 회사법은 직원감사가 감사위원회에서 차지하는 비례에 대해 1/3이상이라고 규정한 반면 직원이사가 이사회에서 차지하는 비례에 대해선 언급이 없다. 직원이사의 비례에 대해서도 응당 법으로써 정해야 하는바, 만약 직원이사의 수가 너무 적을 경우 큰 작용이 없을 것을 대비해 그 비례는 직원감사와 마찬가지로 1/3이상으로 정하는 것이 합당하다고 본다.

4. 직원이사 및 직원감사의 법적책임과 직권의 강화

우선 직원이사와 직원감사는 일반 이사 및 감사와 동등한 권리와 의무를 지녀야 할 것이다. 이 부분에 대해서는 회사법 및 관련 법규에서 그 규정을 찾을 수 있다. 하지만 회사법은 직원대표로서의 이사 · 감사의 지위 및 권리와 의무에 대해 명확한 규정이 없다. 이는 직원이사와 직원감사로 하여금 직책을 이행함에 있어서 충분한 보장을 제공하지 못하고 있어 직원이사 · 감사제도의 실행에 근본적인 영향을 끼친다.

직원이사 · 감사는 직원으로서 회사와 고용관계를 이루고 있다. 따라서 직원의 입장에서 그들을 위해 대변할 경우 직원이사와 직원감사는 타격 혹은 배제를 받을 가능성이 있으며 심한 경우에는 해고에까지 이를 수 있다. 이러한 위험이 존재하는 정황 하에서 직원이사 · 감사는 감히 직원을 대신해 목소리를 내지 못할 수도 있으므로 이 부분에 대한 보장제도도 필요하다. 예를 들어 ①직원이사 · 감사는 법에 따라 그 직권을 행사할 때 기타 요소의 방해를 받지 않을 권리가 있고, ②회의에 참석하지 못할 경우에는 기타 감사 및 이사에게 위탁하여 직원의 의견을 반영할 수 있으며, ③재직기간인 직원이사 · 감사에 대해 회사는 무단으로 해고하지 못하며, ④직원이사 · 감사가 그 직무를 수행하기 위해 근무시간을 사용한 경우에는 정상근무로서의 대우를 받아야 한다.

직원이사 · 감사는 권리를 행사하는 동시에 상응한 의무도 이행해야 할 것이다. 그 의무에는 ①반드시 직원을 대표하여 권리를 행사할 의무, ②직원에게 업무정황을 보고할 의무, ③자신의 자질을 향상시킬 의무, ④비밀유지의무, ⑤이사회, 감사위원회, 직원대표대회의 결의사항을 성실히 집행할 의무 등을 포함한다.

또 직원이사와 직원감사는 이사와 감사로서의 직책도 수행해야 하므로 응당 전문적인 경영지식이 있어야 하고 자질이 높아야 한다. 그렇지 않을 경우 직원이사 · 감사는 기업의 경영결정과 감독에 대한 완전한 참여가 어려울 수 있으며 따라서 직원의 이익을 위한 결정을 내릴 수 없게 되어 직원이사 · 감사가 존재하는 의미가 퇴색할 수 있다. 이에 기업은 응당 육성프로그램, 자문위원회 지도기관 등을 설치하는 방법을 직원이사와 직원감사가 그 직책을 온전히 수행할 수 있도록 도움을 제공하여야 한다.[12]

5. 정보공개의 의무화를 추진

기업은 공식사이트 혹은 신문 등을 통해 일반 직원들도 열람할

12· 李立新, 앞의 책, 448쪽.

수 있도록 직원이사 · 감사의 업무집행상황에 대한 정보를 정기적으로 공개해야 한다. 직원이사와 직원감사는 전체 직원을 대표하여 기업의 경영결정에 참여하고 경영자에 대한 감독을 진행하므로 직원은 그에 대해 감독하고 의견을 제기할 권리가 있다. 이는 직원과 직원대표간의 직접적인 교류를 촉진하며 직원이사 · 감사제도를 한층 더 활성화시키게 되고 장기적으로 볼 때 직원참여제도에도 긍정적인 역할을 할 것이다.

06

지분참여: 직원지주제도

제1절
직원지주제도의 일반론

I. 직원지주제도의 정의와 특징

1. 직원지주제도의 정의

직원지주제도는 또 ESOP(Employee Stock Ownership Plan의 약칭)라고 하는데 1920년대 미국에서 가장 먼저 시작되었으며 1970년대부터 그 전성기를 맞게 된다. 미국의 ESOP협회(the ESOP Association)는 직원지주제도를 일종의 복지제도, 즉 직원이 회사의 주권자로서 이익을 보게 되는 제도라고 정의하고 있다.[1] 직원지주제도의 정의에 대해 중

1· 黃群慧 · 余菁 · 王欣 · 邵婧婷, 「新時期中國員工持股制度硏究」, 『中國工業經濟』, 2014.7, 5쪽.

국의 학자들 사이에는 여러 가지 견해가 존재하고 있는바 주요하게 직원지주제도는 ①기업내부의 직원이 기업주식을 취득한 뒤 공회 또는 직원지주회職工持股會에 주식에 대한 관리와 운영을 위탁하며, 공회 또는 직원지주회의 대표가 이사회에 참가하여 주식에 의한 이익배당에 참여하는 신형의 주권형식이이라는 의견,[2] ②현대기업제도를 수립하는 과정에 직원이 법적 절차를 통해 기업의 주식을 취득한 뒤 공회 혹은 직원지주회에 위탁하여 통일적으로 관리하는 기업제도라는 의견,[3] 그리고 ③기업이 주식회사화를 진행하는 과정에서 일정한 조건을 만족하는 일부 직원에게 유상취득 또는 무상배분의 방식을 통해 주식을 넘겨줌으로써 직원이 기업의 주주로 되는 기업제도라는 의견이 있다.[4]

중국 직원지주제도의 운영현황과 규정에 의해 그 정의에 대해서 다음과 같이 종합하여 정리할 수 있다. 즉 직원지주제도란 기업이 주식회사화를 진행하는 과정에서 일정한 조건을 충족시키는 직원이 기업의 주식을 취득함으로써 기업의 주주가 되고, 취득한 주식은 직원지주회 등 주체에 위탁하여 통일적인 관리를 받도록 하며, 이러한 주체를 통해 주주로서의 권리를 행사하고 의무를 이행하는 기업제도를 가리킨다.

2. 직원지주제도의 특징

첫째, 직원지주제도는 명칭에서부터 알 수 있듯이 그 주체는 기

2· 司徒功云 · 陳向東,『職工持股計劃在中國的發展』, 中國經濟出版社, 2001, 352쪽.
3· 胥燮,「建立適合中國企業的職工持股制」,『當代經濟研究』, 1999.4, 2쪽.
4· 遲福林,『職工持股150問』, 外文出版社, 1998, 1쪽.

업 내부의 직원이며, 외부인에 대해서는 배타성을 띈다.

둘째, 주식에 대한 취득방식이 다양하다. 직원은 기업의 주식을 취득할 수 있는 방법에는 ①우대가격으로 현금을 지불하여 매수하는 방법, ②회사가 준비금을 주식으로 전환한 뒤 직원에게 조달하는 방법, ③회사의 장려성 주식을 취득하는 방법, ④조직의 형식으로 회사의 주주로부터 주식을 양도받는 방법, ⑤기타 무상취득의 방법 등이 있다.[5]

셋째, 직원이 취득한 주권에는 제한성이 있다. 직원이 주식을 보유하는 경우에는 주식의 유통 및 양도는 비교적 엄격한 제약을 받는다. 일반적으로 직원주식은 긴 시간이 지나서야 양도와 유통이 가능하다.[6] 중국의 규정을 보면 다음과 같다. 지정대상에게 주식을 발행한 주식회사의 내부직원지주관리규정定向募集股份有限公司內部員工持股管理規定 제29조에 따르면 기업내부직원은 주식을 소유한지 만 3년이 지나야만 양도가 가능하며, 중국 증권감독관리위원회證監會가 2014년에 공포한 지도의견關於上市公司實施員工持股計劃試點的知道意見은 매 직원지주제도의 주식보유기간은 1년 이상이어야 하고 비공개방식으로 직원주식제도를 실행한 경우에는 그 기간이 3년 이상이어야 한다고 규정하고 있다.

넷째, 수혜자가 광범위하다. 직원지주제도를 추진할 때 공평의 원칙과 공동부유의 목표를 실현하기 위해 법률은 직원이 광범위하게 참여하도록 하고 있다.[7]

5· 吳家駿, 『日本的股份公司與中國的企業改革』, 北京經濟管理出版社, 1999, 2쪽.

6· 직원의 주식보유기간에 관해 영국은 7년, 프랑스는 5년이라고 규정하고 있다.

7· 陸軍, 「國企改制中的職工持股制度研究」, 清華大學 民商法碩士畢業論文, 2007, 6쪽.

Ⅱ. 직원지주제도의 발전연혁

중국의 직원지주제도는 직원이사 · 감사제도와 마찬가지로 역시 1980년대 국유기업개혁이 진행되면서 출현하였다. 개념상으로 볼 때 중국의 직원지주제도는 미국의 ESOP와 비슷하지만 제도가 생기게 된 원인에는 차이가 존재한다. 중국에서의 직원지주제도는 어떻게 보면 경제체제를 전환하는 과정에서 국유기업의 개혁을 도모하기 위한 하나의 수단이며, 그 목적은 직원지주를 통해 생산수단과 노동자의 직접적인 결합을 실현함으로써 노동자의 소유권을 체현하려는 것이다. 따라서 중국의 직원지주제도는 다음 몇 개의 단계를 거쳐 발전하였다.[8]

제1단계는 1978년 개혁의 시작으로부터 1986년까지이다. 이 시기에 일부 기업은 직원지주의 시범기업이 되어 직원지주제도를 실행하기 시작하였으나 제도에 대한 이론의 지도가 부족하고 제도도 불완전한 상태였다.

제2단계는 1987년부터 1991년까지이며, 국유기업의 주식회사화가 광범위하게 진행되면서 직원지주제도의 시범적용도 그 전개가 빠르게 진행되었다. 이 시기에는 이미 일부 지방성 규정이 공포되어 그 지역의 직원지주제도에 대해 규제를 하고 있었다.

제3단계는 1992년부터 1994년 회사법의 실행까지이다. 1992년에 주식유한책임회사규범화의견과 주식제도시행방법 등 규정들을 공포하면서 직원지주는 규정상의 근거가 있게 되었다. 하지만 직원지주제도를 실행하는 과정에서 나타난 여러 문제로 인해 국가경

8· 陸軍, 위의 논문, 9~10쪽 참조.

제체제개혁위원회는 지정대상에게 주식을 발행하는 주식유한회사 내부직원지주의 규범화되지 못한 행위를 청산할 데 관한 통지와, 이러한 주식회사에서 직원주식의 발행을 중지할 데 관한 통지를 내림으로써 중국의 직원지주제도는 잠시 일단락 지어지게 되었다.

제4단계는 회사법을 정식 시행한 1994년부터 1998년까지이다. 회사법의 시행은 중국의 주식회사의 발전을 극대화시켰으며 직원지주에 관한 규정과 지방 법규가 연달아 공포되기 시작하였다. 또 북경, 천진 등을 비롯한 일부 지역에서는 직원지주회의 문제에 대해서도 관련 규정을 실행하였다.

제5단계는 1999년부터 현재까지로서, 1999년 중국공산당 제15기 제4차 회의에서는 기업개혁의 진행과정에서 다양한 분배방식을 적용할 것을 제기하였고 주권에 의한 분배방식에 대한 탐색을 허용하도록 하였다. 이는 이익의 주체들이 직원지주에 대한 적극적인 참여를 유도하였고 직원지주제도는 전국적으로 시행되었으며, 국자위는 국유기업의 직원지주제도에 대해 통일된 규정을 한 의견을 공포하기도 하였다.

Ⅲ. 직원지주제도에 대한 규정

1. 1993년 지정대상에게 주식을 발행한 주식회사의 내부직원지주관리규정(이하 관리규정)

중국 국가경제체제개혁위원회가 1992년에 공포한 주식회사규범화에 대한 의견股份有限公司規範意見은 제7조에서 지정대상에 주식을 발행할 수 있음을 규정했고 지정대상에는 기업내부직원이 포함되어 있었고, 이는 직원지주제도를 실행하는 규정상의 근거라고 할 수 있으며 주식회사규범화에 대한 의견에 근거하여 1993년에는 관리규정을 제정하였다. 그 주요 내용을 보면 다음과 같다.

첫째, 회사의 주식을 보유할 수 있는 직원의 자격을 규정하였다. 우선 직원주식을 보유할 수 있는 인원은 ①기업에서 근무하고 명부에 등록되어 있는 정식 직원, ②자회사 또는 계열회사에 파견되었지만 노동 · 인사관계는 여전히 회사에 있는 직원, ③회사의 이사와 감사, ④회사가 100% 지배하는 부속기업의 명부에 등록된 직원, ⑤회사 및 100% 지배하는 부속기업의 퇴직 · 이직한 직원을 포함한다(동규정 제5조). 반면 회사의 직원주식을 보유할 수 없는 인원에는 ①기업법인이 주주로 있는 회사의 직원, ②100% 지배가 아닌 부속기업 및 계열사의 직원, ③관련 기업의 직원, ④회사 외부의 당기관 및 행정기관의 간부, ⑤회사 외부의 사회인, ⑥국가의 법률 법규의 규정에 의해 회사주식의 매수와 보유가 금지된 기타 인원이 포함된다(동규정 제6조).

둘째, 내부직원보유주식의 처분절차 및 기한에 대해서 규제를 진행했다. 직원주식은 배정된 후 3년 이내에는 양도가 불가능하며, 3년 후에는 내부 직원들 사이에서만 양도가 가능하고 외부 사회에서 거래해서는 아니 된다(동 규정 제22조). 하지만 직원주식의 보유자가 회사를 떠나거나 사망하거나 기타 특수한 정황이 있을 때에는 이 기한의 제약을 받지 않고 기타 내부 직원에게 양도하거나 회사가 다시 사들일 수 있다. 그 가격은 거래 쌍방이 협상을 통해 정하거나 회사가 위탁한 증권경영기관이 참고가격을 제공하여 책정할 수 있다(동규정 제23조, 제25조).

셋째, 내부직원보유주식이 차지하는 비중은 회사의 발행주식총수의 2.5%를 초과하면 아니 된다고 규정하였다.

관리규정을 보면 직원지주에 대해 비교적 구체적으로 규정하였지만 일부 절차, 예를 들어 직원의 주권행사의 방식 등에 대해서는 규정이 없다. 하지만 그 제정 시기와 배경을 고려해본다면 이 관리규정은 충분히 기념비적인 의의가 있으며 이 후의 입법에 대해서도 참고가치가 있는 규정이라고 할 수 있다.

2. 2008년 국자위의 국유기업의 직원지주 및 투자의 규범화에 관한 의견關於規範國有企業職工持股、 投資的意見(이하 직원지주의견)

(1) 시행배경

1980년대, 국유기업개혁의 진행에 따라 국무원은 주식회사규범화에 대한 의견, 지정대상에게 주식을 발행한 주식회사의 내부직원지주관리규정 등 제정하여 직원지주에 대해 규정한 것을 제외하고 회사법 및 증권법은 직원지주의 문제에 대한 명확한 규정이 없었기에 현실에서 법적 근거로 사용할 수 있는 효력이 높은 법문규정이 결여되어 있었다. 즉 중국의 직원지주제도를 보면 자세한 제도는 물론, 큰 틀마저 없는 상황이었는바, 이러한 상황에서 국자위는 2008년에 직원지주의견을 공포하였고 이듬해 직원지주의견을 적용하는 과정에서 진일보 명확히 해야 하는 문제점에 대한 해석('국유기업의 직원지주 및 투자의 규범화에 관한 의견'의 관련 문제; 《關於規範國有企業職工持股、投資的意見》有關問題)을 내놓았다.

사실 직원지주의견을 공포하기 전 강소성, 광동성, 호북성을 비롯해 여러 지방에서는 이미 직원지주에 대한 지방규정을 제정하였으며 그 중 강소성은 특별히 강소성 국유기업 내부직원지주 잠정방법을 제정하여 국유기업 직원의 주식의 취득, 양도, 이익배당 등에 대해 세부적인 설정을 하였다. 따라서 국유기업의 직원지주는 아예 규정근거가 없는 것은 아니었으나 다만 지방 별로 지방의 수요에 따른 규정을 제정하였으므로 규정은 상당히 자주적이었고 서로 다른 지방의 규정은 직원의 주식보유비례, 주식처분제한기간 등 내용들이 모순되는 경우도 있었다.[9] 이렇게 다수의 지방규정이 공존하고 그 내용이 통일되지 않은 정황 하에서 강제적으로 직원으로 하여금 주식을 보유하거나 무상으로 주식을 배정하는 경우도 종종 생기게 되었으며[10] 이 모든 상황은 직원지주에 대한 통일적인 규정의 출현을 요청하고 있었다.

(2) 직원지주의견의 의의

첫째, 직원지주의견은 국가위가 설립된 후 직원지주에 대해 최초로 종합적으로 규범화한 규정이다. 국유자산투자자의 직책을 맡고 있는 기관으로서의 국자위가 국유기업의 직원지주에 대해 규정한 의견을 내놨다는 것은 '입법' 방면에서의 큰 진보가 아닐 수 없다.

둘째, 직원지주의견은 직원지주에 대한 국유자산 규제기관의 태도를 반영한다. 즉 직원지주가 기업의 개혁을 추진하고 기업지배구조를 개선하여 기업을 활성화시키는 데 있어 중요한 작용을 승인한 것이라고 볼 수 있다. 긴 시간 동안, 직원지주제도는 썩

9· 陳琴琴, 「論我國公司職工持股中的若干法律問題」, 『法制與社會』, 第5期, 2010, 96쪽.

10· 馬旭東, 「公司職工持股法律探析」, 『青海民族學院學報』 第4期, 2000.10, 79쪽.

환영받지 못하는 제도였다. 일부는 직원지주제도의 실행은 기업의 '사유화'를 초래하는 것으로서 중국의 국유기업개혁에 어울리지 않는다고 여기면서 직원지주에 대해 부정적인 시선으로 바라봤으며, 또 일부는 직원지주는 오히려 빈부격차를 늘리고 사회의 불안정요소로 될 것이라고 여겼다.[11] 하지만 직원지주의견은 직원지주의 적극적인 면을 충분히 승인하고 직원지주에 더한 국유자산규제기관의 태도도 명확히 하였다.

셋째, 국유기업집단의 직원이 집단 내부에서 투자행위를 하는 것을 엄격히 제한함으로써 집단 내부의 복잡하고 혼란스러운 주권관계를 사전에 예방하였다.

넷째, 직원지주제도를 규범화함으로써 국유자산의 유실을 막았다.

Ⅳ. 직원지주의 실현방식

1. 사단법인 성질의 직원지주회를 설립하는 방식

직원지주회를 설립하는 방식은 2000년 이전에 국유기업의 직원지주에서 주로 채용하는 방식 중 하나로서 직원은 기업의 직원지주회에 가입한 후 직원지주회의 명의로 기업에 대해 출자를 진행한다. 북경시 현대기업제도 시험기업의 직원지주회 시행방법北京市現代企業制度試點企業職工持股會試行辦法을 참고해 볼 때 직원지주회는 다음과 같

11· 馬旭東, 위의 논문, 78쪽.

은 특징이 있다.

첫째, 직원지주회는 기업의 직원이 자발적으로 출자하여 조직한 것이며, 등기를 거쳐 사단법인의 자격을 취득한다.

둘째, 매 기업은 하나의 직원지주회만을 설립할 수 있다.

셋째, 직원지주회를 설립하려면 ①회원의 수가 50명 이상이어야 하고, ②등록자본은 최소 10만위안이어야 하며, ③회원은 공동으로 직원지주회의 정관을 제정하고 직원지주회의 조직체계를 건립하여야 하며, ④이미 기업의 구조개혁을 거친 기업은 주주총회의 동의를 거쳐야 하는 등 요건을 충족시켜야 한다.

넷째, 직원지주회는 조달한 전부 자본을 등록자본으로 하며, 전부 기업에 투자해야 한다. 직원지주회는 출자자로서 회사에 투자한 자본액에 따라 자산소득을 향유하며 소유권자로서의 중대 사항 결정권과 경영자 선택권 등 권리를 행사한다. 직원지주회의 회원은 출자비례에 따라 출자자 권리를 행사하고 그 출자액에 한해 직원지주회에 대해 책임지며, 직원지주회는 전부 출자액에 한해 회사에 책임을 진다.

다섯째, 직원지주회의 자본으로는 본 기업의 주식만 매수할 수 있다.

사단법인의 형식을 한 직원지주제는 유한책임회사의 주주 인원수에 대한 제한을 받지 않음으로써 직원지주의 관리문제를 해결하였지만, 이 방식은 법률규정의 범위를 벗어난다는 문제점이 존재했다.

중국의 법률은 사단법인에 대해 규정하지 않고 있고, 대신 민법통칙과 사회단체등기관리조례의 규정에 따르면 이 유형의 사단법인은 사실상 사회단체법인이라고 할 수 있다. 하지만 법률은 사회단체법인은 영리를 목적으로 한 경영활동에 참여하지 못한다고 규정하고 있어,[12] 만약 직원지주회를 사회단체법인이라고 정의할 때 영리활동을 진행하지 못하며 투자행위 및 이익분배행위도 불가한 것이다. 이러한 문제들에 직면하여 민정부民政部는 2000년 7월에 기업내부의 직원지주회가 사회단체법인으로 등기하는 것을 중지하는 결정을 공포함으로써 지주회의 성질에 대해 단지 기업내부의 단체로 정의하였고 더 이상 법인의 자격을 취득하지 못하게 되었다.

2. 유한책임회사를 설립하는 방식[13]

이 방식을 주로 직원지주에 참여하는 직원이 유한책임회사를 출자하여 설립하며, 그 유한회사가 원래 기업의 주식을 보유하며 유한회사의 명의로 기업의 주주가 되는 방법을 취한다. 이 방식의 전형적인 사례는 상해대중회사上海大眾公司이며, 따라서 이 방식은 '대중모식大眾模式'이라고도 한다.

이러한 방식의 장점은 기업의 재산권상황이 분명하고 법률관계가 명확하며 경영관리를 진행하는 데 편하다. 또한 주식을 보유하는 직원은 기업과 직접적인 법률관계가 없으므로 기업의 관리효율을 향상시키고 결정비용을 절감하는 데도 유리하다.

하지만 문제점은 이런 방식으로 설립된 유한회사는 일반적으로 기업에 대한 투자를 제외하고 기타 경영활동을 하지 않고 있어

12· 사회단체등기관리조례 제4조 제2항 참조.

13· 李曜, 『股權激勵與公司治理案例分析與方案設計』, 上海遠東出版社, 2001, 37~43쪽 참조.

유한책임회사의 경영관리에 대한 강행규정을 위반하고 있다.[14] 또 중국 세법의 규정에 따르면 유한책임회사는 매년 33%의 기업 소득세를 납부해야 하는데, 이 외에도 직원은 투자의 수익을 받은 후에는 따로 개인소득세도 납부해야 하므로, 수입은 하나지만 이중납세의 상황이 되어버리는 것이다. 또한 회사법 제24조에 의하면 유한책임회사의 주주는 50명을 초과하지 못하므로 직원주식의 보유자가 50명 이상일 경우에는 이 방식을 취하지 못한다.

3. 공회가 대리권을 행사하는 방식

구체적인 방법은 기업 주식을 보유한 직원이 직원지주관리위원회를 구성하고 등기는 하지 않으며 기업의 공회에 위탁하여 운영하는 것이다. 공회는 직원의 자본을 모은 후 공회의 명의로 기업의 주주가 된다. 따라서 공회는 주식보유직원을 대표하여 주주의 권리를 행사하고 이익배당을 받으며 출자비례에 따라 직원에게 재분배를 실시한다. 또한 공회는 직원이 보유한 주식에 대한 관리를 진행하고 공회의 명의로 민사책임을 부담한다.

이 방법은 주식소유과정에서 나타나는 분쟁의 해결에 유리하지만 일부 단점도 존재하고 있다.

첫째, 국유기업의 현실에 입각하여 볼 때 공회는 경영자에 의해 지배되기가 쉬우며 따라서 직원의 권리를 제대로 보장할 수 없게

14· 중국의 공상행정법규에 의하며 유한책임회사는 매년 반드시 경영활동이 있어야 하며, 경영활동이 없는 경우에는 공상행정관리부처에 가서 잠시적인 휴업수속절차를 밟아야 한다. 휴업상태가 일정한 기간을 초과하면 연 1회의 정기 검사에 통과하지 못하고 따라서 사업자등록증(營業執照)이 취소된다.

된다. 이론상으로서 공회는 비록 독립적인 군중조직이지만 사실상 그 독립성은 상당히 부족하며 실제 업무는 주로 직원의 근무조건과 복지에 대해 책임질 뿐이다.

둘째, 수탁자로서의 공회가 과연 직원을 대표하여 주식을 보유할 능력이 있는지, 법적 책임을 부담할 능력이 있는지 여부는 미지수이다. 주주의 권리를 행사함에 있어서 상당한 전문 지식이 필요한데 공회가 이러한 전문성을 지니고 있는지는 판단하기 어렵다. 또한 공회의 법인지위는 단지 대외로 독자적으로 민사책임을 진다는 것을 의미할 뿐 직원이 위탁한 재산 외에 공회 자체는 보유자산이 없다. 그러므로 사실상 공회는 직원에 대한 책임을 부담할 능력이 없으며 이는 위탁자의 리스크가 크게 상승하도록 한다.

4. 신탁투자회사에 예탁하여 관리하는 방식

이 방식의 구체적인 방법은 직원의 출자 자본을 통일적으로 모은 뒤, 신탁법의 규정에 따라 신탁회사에 위탁하여 관리를 진행하는 것이며 쌍방은 신탁 계약을 체결한다. 신탁회사는 직원의 뜻에 따라 자신의 명의로 주주의 권리를 행사하고 의무를 부담한다. 이익배당에 관해서 신탁회사는 분배받은 이익 중에서 수수료를 뺀 뒤 직원에게 분배를 진행하며 직원은 출자비례에 따라 신탁회사로부터 이익을 분배받는다. 이는 사실상 투자신탁에 속한다.

이러한 방식의 장점으로는 우선 수탁자가 자신의 명의로 집중적인 투자를 할 수 있어 인원수의 제한을 받지 않는다. 또한 신탁법 제48조에 의하면 수익자의 신탁수익권은 법에 따라 양도하거나 승계할 수 있으므로 직원 주권의 유동성에 대해서도 근거를 제공한다. 이 외에도 신탁기관은 일반적으로 양호한 업무처리능력이 있으므로 기업의 주주로서 객관적으로 회사의 이익을 할 수 있으며 직원과 기업이 이익공동체가 되도록 하는데 유리하다.[15] 동시에 신탁투자회사를 통해 주식을 관리하는 것은 유한회사를 설립하는 것에 비해 그 비용이 훨씬 적기도 하다.

다만 신탁체계로 인해 수익자는 일정한 손해를 입을 가능성도 있다. 신탁체계 하의 신탁기관은 직무이행에 있어서 성실신용의 의무와 신중하고 효율적으로 업무를 처리할 의무가 있다. 하지만 아직 불완전하고 개선의 여지가 있는 중국의 신탁제도 하에서 신탁기관이 과연 위에서 말한 직책을 완전히 이행할 수 있는지는 불명확하다. 또 적용범위에도 제한이 있다. 신탁투자회사를 설립하는 조건에 대한 중국의 규정은 상당히 엄격한바 예를 들어 등록자본이 3억 위안 이상이어야 한다.[16] 따라서 일부 지역은 이러한 신탁투자회사를 설립할 능력과 조건을 구비하지 못하게 되며, 이러한 곳에서는 신탁투자회사에 관리를 맡기는 방식은 실현가능성이 없다.

5. 직원대표가 집중적으로 관리하는 방식[17]

이 방식의 구체적인 방법으로는, 주식을 보유하는 직원들은 선거를 통해 직원대표를 선출하여 위임대리계약을 맺으며 직원의 자

15· 陳寧, 「論職工信託持股制度及其實施過程中應該注意的問題」, 『工會論壇』 第1期, 2006, 15쪽.

16· 중국 신탁투자회사관리방법 제10조 참조.

17· 楊歡亮, 「職工持股在中國的發展」, 四川大學 博士學位論文, 2004, 141~142쪽.

본을 통일적으로 대표에게 넘긴다. 직원대표는 이 자본으로 기업의 주식을 매수하고 주주가 되어 주식에 대한 관리를 진행하며 출자액에 따른 주주의 권리를 행사하고 의무를 부담한다. 배당받은 이익에 대해서는 매 직원의 실제 출자 비례에 따라 2차 분배를 진행한다.

이 방법은 그 절차가 간단하고, 직원은 신임할 수 있는 인원을 선거하여 자신을 대표해 기업의 주식을 매수하며 위임계약을 통해 직원보유에 대한 사항을 처리할 수 있다. 이는 사실상 수탁자가 자연인인 신탁방식에 속하며 신탁회사가 없는 지역에서는 이 방법을 흔히 사용할 수 있다. 신탁법에 의하면 자연인도 수탁자가 되어 신탁 업무에 종사할 수 있지만,[18] 자연인 수탁자가 업무에 종사할 때의 구체적인 사항에 대해서는 아직 규정이 없다. 따라서 이 방식을 실제 적용할 때 상응한 법 규정이 충분한 규율을 마련하고 있지 못하여 쉽게 혼란스러운 국면에 이를 수 있다.

V. 직원지주제도를 실행하는 의의

첫째, 직원지주제도를 통해 기업의 소유권구조의 변화와 재조합이 발생하였으며 직원은 이익배당과 기업결정에 참여할 수 있는 권리를 가지게 된다. 이로써 직원주주와 기업의 기타 주주 사이에는 서로 관리하고 제약하는 매커니즘이 형성하였고, 직원은 기업 관리 중의 부당행위에 대해 의문을 제기할 수도 있다. 이로써 감독

18· 중국 신탁법 제24조 제1항 참조.

비용을 절감하여 대리 비용을 낮추게 되며 기업의 지배구조를 개선하는 데도 유리하다.

둘째, 비록 현대 기업관리이론에서 인적 자본의 작용이 날로 중요시되고 있지만 이는 자본 투입의 중요성을 무시해도 된다는 뜻은 아니다. 직원모집, 설비 및 시설의 갱신, 임금의 지급, 새 상품 개발 등 기업 활동은 모두 충족한 자본을 기반으로 하여 진행되는 것이다. 직원지주제도는 기업에 새로운 자본조달방식을 제공하는 바 그 절차가 상대적으로 간단하며, 제도를 통해 직원 수중의 방치된 자본을 생산자본으로 전환함으로써 방치된 자본의 이용률을 높일 수 있는 동시에 기업의 자금부족난도 완화할 수 있다.

셋째, 정부와 기업의 분리가 제대로 진행되지 않는 것은 국유기업의 고질병이라고 할 수 있다. 국유기업에서의 직원지주제도를 통해 직원은 기업주권의 소유자가 되었으며 기업의 결정은 직원주주의 승인도 있어야 통과될 수 있어 과거 기업이 모든 것을 독단적으로 결정하던 상황을 면할 수 있게 되었다. 또한 기업경영에 대한 정부의 관여가 있을 때에도 직원은 자신의 이익을 위해 정부의 존재로 인해 회피하는 경향이 상대적으로 적어 정부의 불합리한 관여를 제지할 수 있으며 따라서 정부와 기업의 분리를 촉진할 수 있다.

넷째, 직원지주제도를 통해 직원은 이중신분, 즉 노동력의 제공자와 기업자산의 소유자로서의 신분을 지니게 되어 직원의 수입 및 이익은 기업의 발전과 긴밀히 연관되게 된다. 이러한 변화로 인해 기업에 대한 직원의 충성도는 급증하게 되며 업무상의 적극성과 창의성도 유도하게 된다. 그 이유는 더욱 열심히 근무해야만 기업의 이익을 창출할 가능성이 더 많으며 기업의 이익이 있어야

만 그 대우도 함께 향상할 것이라는 점을 직원은 잘 알고 있기 때문이다.

제2절
직원지주제도의 실제 운영사례

I. G기업의 소개[19]

G기업은 공익성을 띤 대형 국유기업으로서 종사하는 주요 업무는 교통 운수업이며 북경 운수업의 경영주체이다. G기업은 그 직원이 10만 여명이나 되고, 운수업을 제외하고도 부동산, 임대 등 방면의 여러 가지 업무도 진행하고 있으며 다양한 경제유형의 일체화를 이루는 기업이다. 많은 업무를 경영하고 있으며 투자의 다양화를 실현하는 대형 기업으로서의 G기업은 이번에 도서타워를 세워 업무 범위를 확장하고 수입을 늘리려는 계획을 세우고 있다. 이런 배경 하에서 G기업은 직원지주제도를 실행하려 하는데, 그 원인은 다음과 같다.

정부의 관리를 받는 G기업은 사업을 발전시킬 때 소요되는 경비를 승인받기 위해서는 층층의 심사와 비준의 절차를 거쳐야 하므로 과정이 상당히 복잡하다. 하지만 직원지주제도를 실행하는데 관한 비준이 떨어지면 G기업은 많은 절차를 생략할 수 있을 뿐만 아니라 제도의 실행과정에서 자본조달을 실현할 수 있어 도서타워

19· 李文娟, 「我國國有企業員工持股制度的應用研究」, 首都經濟貿易大學 碩士學位論文, 2014, 20쪽.

의 건설문제를 해결할 수 있다. 또한 이번 제도의 실천을 통해 직원으로 하여금 기업의 경영에 참여하도록 함으로써 기업의 발전을 위해 공헌하기 위한 G기업의 목표도 있다.

Ⅱ. G기업의 직원지주제도의 실행[20]

G기업은 직원지주제도의 실행을 위해 장기간의 준비를 거쳤다.

첫째, 회의 등 형식을 통해 전체 직원에 대해 직원지주제도에 대해 선전을 진행했고 직원으로 하여금 직원지주제도의 적극적인 작용에 대한 인식이 생기도록 노력을 가했다.

둘째, G기업의 모든 직원은 원하면 모두 이번의 직원지주제도에 참여할 수 있도록 하였다.

셋째, G기업의 업무경영범위에는 부동산임대업무도 포함되어 있어 도서타워를 건립하는 방면에서 건물에 드는 비용이 크게 절감되었으며 비용의 지출로는 인테리어, 도서입하, 고용인원, 유통, 관련 홍보 등에 대한 것이 다이다. 하여 G기업은 직원주식의 주가총액을 300만 위안으로 산정하였으며 그 중 80%는 직원에게 배정할 주식이고, 우수사원을 장려하거나 기타 상황에 쓰일 주식을 20% 남겨두기로 계획하였다.

넷째, 직원주식의 분배방식을 확정하였다. 직원이 배정받을 수 있는 주식의 한도는 직원이 기업에서 근무한 햇수와 공헌 두 부분을 종합적으로 고려하여 정한다. 만약 직원이 출자의향이 없을 경

20· 李文娟, 위의 논문, 21~24쪽 참조.

우에는 기업의 고위 경영자들이 이 부분의 주식을 매스할 수 있다.

다섯째, 상급 부문과의 협상을 거친 후 G기업은 직원지주회를 설립하였다. 지주회는 직원주주의 대표기관으로서 직원의 이익을 대표하고 직원의 의견과 요구를 신속히 반영할 수 있으며 전체 직원은 토론과 결정을 거쳐 직원대표가 기업경영의 결정권과 의결권을 행사할 수 있다. 직원참여제도에 참여한 직원은 모두 지주회에 가입하여 주주의 권리를 행사할 수 있으며, 지주회의 중대한 사항은 정기적으로 직원에게 보고해야 하고 직원의 감독을 받는다. 직원주식도 직접적으로 직원에게 배정하는 것이 아니라, 직원지주회에서 매 직원의 주식계좌와 개인주식관리명세표를 설립할 것이며, 신속하고 정확하게 주식보유에 대해 기록한다.

여섯째, 배당이익은 먼저 통일적으로 지주회에 배분하며 지주회에서 각 직원의 출자 비례에 따라 재분배를 진행한다. 전 직원의 동의를 거친 경우에는 특수상황이나 긴급 상황에 대비하여 지주회에 일부분 이익을 남길 수 있다.

일곱째, 직원의 부서가 변동되어 승진 혹은 좌천된 경우에는 해당 직원의 주식보유한도에 대해 다시 계산하여 정한다. 직원이 이직하거나 퇴사한 경우에는 지주회에서 해당 주식을 회수한다.

비록 많은 사전준비를 거쳐 자본을 조달하고 지배구조를 조정하며 안정적인 직원대오와 다양화발전의 목표를 이루었지만, G기업이 직원지주제도를 실행할 당시는 중국의 직원지주제도의 발전 초기로서 관련 규정이 모두 불완전한 상태였고, 기타 원인들로 인해 G기업의 직원지주제도의 실행은 실패로 그 막을 내렸다.

Ⅲ. G기업 직원지주제도운영에서의 문제점[21]

첫째, 위에서도 언급했지만 G기업이 직원지주제도를 실행할 당시 중국의 관련 법률법규체계는 전혀 형성이 되어 있지 않았다. 때문에 제도를 실행하는 과정에 문제가 생겨도 법적 근거와 표준이 없었으며 참고할 수 있는 케이스도 거의 없는 상태였다. 게다가 G기업은 직원지주회의 방식을 통해 직원주식을 관리하려 했지만 당시 지주회에 대한 인식이 모호했고 시기상으로나 환경 상으로나 모두 성숙하지 못한 상황에서 지주회의 직책 역시 불분명했다.

둘째, G기업은 비록 사전에 직원에게 직원지주제도에 대한 교육을 진행했었지만 신생사물을 갑자기 받아들이기에는 어려움이 있었던 것 같다. 국유기업의 발전역사에서 남겨진 일부 문제로 인해 국유기업 직원의 자질과 문화수준은 모두 보편적으로 낮은 편에 속했으며 또 직원 연령대의 분포를 보면 4, 50대가 가장 많았는데, 이 연령대의 사람들은 대부분 보수적이고 새 사물을 빠르게 받아들이지 못하는 특성을 지니고 있다. 그리고 직원지주제도의 참여와 관련하여 당시 기업에서 홍보할 때 많은 직원들은 이익배당과 경영결정에 참여할 권리를 행사할 수 있다는 점에 대해 마음이 흔들렸을 거라고 생각한다. 또 어차피 국유기업에서 손해 볼 것 없다는 심리 하에 많은 사람들은 직원지주제도에 참여하게 되었다. 하지만 실제 보유주식한도를 계산할 때에 이르러서 인위적인 요소나 감정적인 요소를 피할 수 없게 되었고, 특히 국유기업이라는 배경 아래에서 어느 정도의 파벌 관계는 반드시 존재하게

21· 李文娟, 위의 논문, 25~26쪽 참조.

되며 이로써 불공평한 상황을 조성하게 되었으며 이는 직원사이의 모순을 격화시켜 일정 정도에서 참여의 열정과 근무에 대한 적극성에 영향을 끼치게 될 뿐만 아니라 마음속으로부터 직원지주제도에 대한 호감을 상실하게 된다.

셋째, G기업이 실행한 이번 직원지주제도는 고위 경영진들에 대한 격려요소가 일반 직원들에 비해 현저하지 못했다고 볼 수 있다. 하지만 현실적으로 볼 때 고위 경영진은 일반 직원에 비해 수입이나 출자능력이 현저하게 높고, 소양과 자질도 어느 정도 수준에 달하였기 때문에 G기업은 응당 고위 경영자를 격려하는데 치중하여 제도를 설계했어야 했다.

어찌 됐든, G기업의 직원지주제도가 실패하게 된 원인에 대해서, 제도가 다소 불완전했고 기업 환경의 변화에 따른 조절과 대응이 미흡했던 것과 당시 법률법규의 부재의 합작의 결과라고 할 수 있다.

제3절
비교법적 검토

I. 미국의 ESOP제도

1. ESOP제도의 발전

직원이 자사주를 소유할 수 있는 제도는 일찍 미국으로부터 기원되었다. 그 중 가장 광범위한 기반을 가지고 직원의 주식소유를 촉진한 제도가 바로 ESOP이라고 할 수 있는바 이 제도는 미국의 경제학자이자 변호사였던 루이스 · 켈소Louis Kelso에 의해 주창되었다.

1950년대부터 켈소는 타인과 합작하여 『2-요소 이론』, 『자본가 선언』 등 저서를 발표하면서 정상적인 경제활동에서 사람들은 노동을 통해서 뿐만 아니라 자본을 통해서도 수입을 얻을 수 있으며 이는 사람의 기본적인 권리라고 주장하였고 이러한 이념을 기반으로 하여 켈소는 신탁의 방식으로 직원이 회사의 주식을 보유하는 제도를 제기하게 된다. 하지만 처음에 켈소의 주장은 받아들여지지 않았고 1970년대에 이르러서야 미국 국회와 정부의 지지를 받게 되어 종업원퇴직소득보장법ERISA을 제정하여 최초로 회사의 주식을 직원과 공유하는 특별법을 통과했다. 그 후에도 미국은 통상법Trade Act of 1974, 세제감면법Tax Reduction Act of 1975, 그리고 세제개혁법Tax Reform Act of 1986 등 약 20여 개의 연방 법률과 정부의 정책적 지원으로써 ESOP의 비약적인 발전을 지원하였는바, 통계에 따르면 미국 내에서 ESOP를 도입한 기업의 수는 1974년의 200개로부터 2000년대에는 11,500여 개까지에 이르게 된다. 또 ESOP에 참여하여 주주로서의 권한을 누리는 직원 수는 약 850만 명으로 이는 미국의 민간부문 고용 인력의 거의 10%에 해당한다(2004년 기준).[22]

미국은 현재까지 직원지주제도가 가장 효과적으로 실행된 국가 중 하나라고 할 수 있는데, 미국 ESOP협회의 설문에 따르면 ESOP를 실행하고 있는 기업의 92.29%가 ESOP는 좋은 사업 결정이었으며 기업의 성장에 큰 도움을 주었다고 긍정적으로 인정함으로써

22· 신범철, 「미국 ESOP의 고찰과 시사점」, 『임금연구』 2004 겨울호, 62~64쪽 참조.

ESOP의 효과를 입증하였다.[23]

2. ESOP제도의 운영

우선 그 유형을 볼 때 ESOP는 주식을 취득하는 방식에 따라 비차입형 ESOP(non-leveraged ESOP)와 차입형 ESOP(leveraged ESOP)로 구분된다.

비차입형 ESOP는 주식을 취득하는데 소요되는 자금을 직원이 부담하는 것으로서 회사는 매년 직원지주제도에 참여하는 직원의 월급총액의 일정 비례(일반적으로 15%)에 따라 무상으로 일정액의 자사주를 배정하거나, 아예 직접적으로 자금을 지원하여 자사주를 구매하도록 한다. 비차입형 ESOP에서의 자금 출처는 직원부담금과 회사출자금 두 부분으로 나눌 수 있으며 비차입형 ESOP를 시행하는 회사는 현재로서는 극소수이다. 차입형 ESOP는 미국의 기업이 주로 적용하는 ESOP의 유형으로서 말 그대로 자금을 차입하여 자사주를 취득할 수 있는 제도이다. 구체적인 방법으로 회사는 직접 금융기관으로부터 자금을 대출한 후 그 차입자금을 다시 ESOP 신탁에 재대출하거나, 아니면 ESOP 신탁기관이 금융기관으로부터 대출을 진행한 뒤 주식을 매입하며 직원에게 직접 넘겨주지 않고 통일적으로 주식을 관리한다. 주식은 회사로부터 직접 매입할 수도 시장에서 공개 매입할 수도 있다. 따라서 비차입형 ESOP에서 자본의 사용은 전적으로 회사의 재량에 따른다면 차입형

---

23. ESOP Association. ESOP Companies Report Continued Economic Growth in 2014. http://www.esopassociation.org/news-landing/2015/09/10/esop-companies-report-continued-economic-growth-in-2014.

ESOP는 일종의 채무관계에 얽매여 있다고 할 수 있으며, 그에 따른 직원지주도 서로 다른 양상을 띠고 있다.[24]

위에서도 언급됐다시피 ESOP는 신탁의 형태를 갖추어야 하고 ESOP신탁은 회사와는 독립된 관계에 있어야 할 것이다. ESOP 수탁자는 신탁자 즉 직원의 이익과 직원의 자산 가치를 극대화하기 위하여 선관주의의무를 다하여야 하며 직원의 지시에 따라 주식을 매입하고 의결권을 행사하는 등 업무를 책임져야 한다. 수탁자는 주로 일임 수탁자, 관리 수탁자, 내부 수탁자 등으로 구분할 수 있는데, 일임 수탁자는 일반적으로 신탁회사 등이 맡으며 회사와는 완전히 독립되어 여러 가지 의무와 권리를 행사하고, 관리수탁자는 ESOP 운영위원회의 지시에 따라 자산의 관리를 책임지는데 위원회의 지시가 직원의 이익에 반할 때에는 이를 거부할 수도 있다. 내부 수탁자는 일반적으로 회사의 임원 또는 직원이 직접 ESOP수탁자로서의 역할을 한다.[25]

3. ESOP제도의 특징[26]

첫째, 미국의 ESOP는 직원의 수입구조를 최적화하고 직원복지 체계를 개선하려는 데 목적이 있다. 미국의 직원지주제도(차입형 ESOP)에서 필요한 갹출은 회사에 의해 전적으로 이루어지므로 직원이 자금을 투자할 필요가 없으며 직원지주제도에 참여했다 해서 직원

24· Gregory K. Dow, *Governing the Firm-Workers' Control in Theory and Practice*, Cambridge University Press, 2003, p.77.

25· 이명철 · 김영갑, 「미국의 ESOP와 우리나라 종업원 지주제도에 관한 비교연구」, 慶星大學校 商經硏究, 2000.2, 18쪽.

26· 劉洋, 「我國員工持股法律制度研究」, 吉林大學 碩士學位論文, 2015, 14쪽.

의 경제적인 부담이 늘어나지 않는다.

둘째, ESOP의 또 다른 목표는 직원과 기업이 그 이익을 공유하면서 인재를 남겨두려는 데 있다. 법 규정도 직원보유주식의 소유권의 행사에 기간제한[27] 을 두면서 만약 그 기간 내에 이직하면 소유하고 있는 자사주에 대해서 자동 포기한 것으로 간주한다. 이는 직원이 회사를 이탈하는 것을 방지할 수 있어 인재의 유실을 막는 데 유리하다.

셋째, 직원의 주권에는 제한성이 있다. 하나는 주식을 보유한 직원은 일반적으로 회사의 합병 · 분할 같은 중대한 사항에 대해서만 의결권이 있으며 기타 사무에 대해서는 의결권을 행사하지 못한다.[28] 또 하나는 직원지주제도를 통해 취득한 주식에 대해 직원은 수익권은 있지만 처분권이 없다. 주식의 취득자가 사망한 경우 승계가 불가능하며 일반적으로 회사가 다시 그 주식을 매입한다.

넷째, 직원주식에 대한 관리가 고도의 전문성을 체현하고 있다. 일반적으로 주식은 전문적인 신탁회사가 관리하며 직원은 수익권만을 향유한다.

다섯째, 유력한 우대정책의 보조가 있다. 직원지주제도의 실행은 직원을 비롯해 기업, 신탁회사 등 여러 주체의 이익요구에 부합된다. 따라서 미국은 세제 및 이자 등 방면에서 많은 우대정책을 시행하면서 직원지주제도의 발전을 촉진한다.

---

27 · 일반적으로 3년 이후에 20%의 소유권을 행사할 수 있고, 4년 뒤에는 40%, 7년 뒤에는 100%의 소유권을 행사하는 방법을 취하고 있다.

28 · 이 부분에 대해 일부 학자는 비공개기업의 경우 일부 중요한 사항에서만 의결권을 행사하고 공개기업의 경우에는 모든 의안에 대해 의결권을 행사해야 한다고 주장하고 있다.

Ⅱ. 한국의 우리사주제도

1. 우리사주제도의 발전

1968년에 자본시장 육성에 관한 법률의 제정과 공포는 우리사주제도의 시작점을 알리는바, 동 법은 소유분산을 위해 상장법인의 신규 발행주식의 10%를 종업원에게 우선으로 배정토록 하였다. 이는 정부가 주식발행시작의 육성을 통해 우리사주제도의 활용을 적극적으로 고려한 것으로 보인다. 1972년에는 자본시장 육성에 관한 법률의 개정과 기업공개촉진법에 따라 일반 공모에서도 우선 배정을 할 수 있도록 하여 실질적으로 적용범위를 확대하였다. 또한 1974년에 발표된 종업원지주제도 확대 실시방안에서는 ①우리사주제도의 적용을 비공개법인으로 확대하였고, ②종업원 취득 주식의 관리를 위한 우리사주조합을 도입했으며, ③종업원 취득 주식의 의무예탁제를 실시하였고, ④근로자의 자사주 취득 금액의 5%에 대해 세액 공제를 해주는 등 우리사주제의 적용 범위나 그 운영방식 등에서 중요한 변화가 있었다. 이때로부터 종업원지주제도가 본격적으로 보급되기 시작한 것으로 보이는바, 그 운영방식을 보면 직원으로 구성된 우리사주조합으로 하여금 관련 사무를 관리하고 운영하도록 되어 있다. 우리사주조합의 정의에 대해 세법은 다음과 같이 규정하고 있다. 법인의 종사원이 당해 법인의 주식을 취득, 관리하기 위하여 일정한 요건을 갖추어 조직한 종업원단체로서 그 단체에 가입한 자가 자기회사주식을 취득하게 하여 자사의 기업경영 및 이익분배에 참여하게 함으로써 기업 외 발전과 종업원의 재산형성을 촉진하기 위한 종업원지주제도를 위

한 단체이다.[29]

그 후 1997년 자본시장육성에 관한 법률 및 동법 시행령이 폐지되었고 우리사주조합 관련 규정이 일부 개정되었으며 증권거래법 및 동법 시행령에 이관 · 시행되게 되었고,[30] 이후 2001년 근로자복지기본법이 제정되고 2002년 시행되면서부터 근로자복지기본법이 우리사주제도의 준거법으로 되면서 '신우리사주제'의 실행이 시작되었다.

2. 우리사주제도의 운영

우리사주조합이 자사주를 취득하는 방법은 상당히 다양하다. 대표적으로 회사 및 주주로부터 주식을 취득하는 방법과 우리사주조합기금에 의하여 주식을 취득하는 방법이 있는데, 과거에는 종업원의 자금만으로 우선배정된 자사주를 취득할 수 있었던 반면에 현재 우리사주조합기금의 재원財源에는 종업원이 출연한 금전뿐만 아니라 제도를 실시하는 회사 또는 주주 등이 출연한 금전과 물품 대출받은 차입금과 우리사주조합계정의 우리사주에서 발생한 배당금, 그리고 그 밖의 수입금으로 구성된다.[31] 우리사주조합이 취득한 주식은 일단 조합계정에 보유되었다가 취득재원에 따라 조합원들의 개인별 계정에 배정되게 되는데 주식을 배정함에 있어서 저소득 근로자거나 장기근속 근로자를 우대하여야 하는 규정은 있지만 기타 구체적인 기준은 규정하지 않고 있으므로 일반적으로

29 원인성, 「우리사주제의 경영성과에 관한 연구」, 『산업경제연구』, 2012.2, 592쪽.
30 이명철 · 김영갑, 앞의 논문, 13쪽.
31 대한민국 근로자복지기본법 第36조 참조.

근속년수, 직급 등의 요소들을 고려하여 주식을 배정하고 있고 그 구체적인 내용은 조합의 규약에 정하도록 하고 있다.[32] 자사주를 배정받은 후에는 우리사주조합원은 의무예탁기간에 수탁기관인 한국증권금융에 예탁을 하여야 하는바, 의무예탁기간에 대해서는 취득재원에 따라 차이가 발생한다. 예를 들어 자기부담으로 취득한 자사주가 아닌 경우에, 그 의무보유기간이 최소 3년, 최대 7년으로 제정하면서 상당히 길게 설정되어 있다.

그 외에도 상장법인에서만 우선배정제도가 적용되던 이전의 규정에 반해 신우리사주제도 하에서는 비상장기업도 우선배정제도를 적용할 수 있으며 우리사주조합원이 보유한 자사주를 취득하는 것에 대해서는 비상장기업의 자사주취득금지 예외사항에 속하여 우리사주조합이 설립 후 3년 이내 상장 또는 코스닥 등록을 하지 않은 경우에도 회사는 우리사주조합원이 보유한 주식을 다시 되살 수 있다. 다만 이 조항은 권고성 선택사항으로 규정되고 있다.[33]

제4절
직원지주제도의 문제점과 개선방안

I. 직원지주제도의 문제점

국유기업개혁을 진행하면서 직원지주제도를 실행한지 짧지 않

32· 金弘植, 「우리사주조합의 우호적 제3자(White Knight)로서의 활용방안-미국법상의 ESOP와의 비교를 중심으로」, 『商事判例研究』 第20輯 第3卷, 2007, 364쪽.

33· 원인성, 앞의 논문, 593쪽.

은 시간이 흘렀지만 중국의 직원지주제도는 여전히 규범화되지 못하고 발전이 불균형한 상태라고 할 수 있으며 일부 문제점이 존재하고 있다.

1. 불완전한 입법체계와 관련 정책의 부족

입법과 정부의 정책인 기업제도에 직접적인 영향을 끼치게 되며 정체된 입법은 기업의 발전을 저애할 수 있다. 선진국의 직원지주제도의 실행을 보면 뚜렷하고 명확한 정부 정책과 법제의 지원이 있지만 현재 중국은 법률 제도상의 빈자리가 상당히 큰바 이는 중국이 직원지주제도를 실행함에 있어서 가장 큰 문제점이다. 직원지주제도가 몇 십년간 발전을 해오면서 직원과 군중들의 광범위한 승인을 받았지만 여전히 하나의 주된 형세를 이루지는 못한 근본적인 원인이 바로 명확한 입법의 부족한 원인이라고 본다. 현재 중국의 입법을 보면 여전히 지방성 입법이 주를 이루고 있으며 그 규정들마저도 내용상의 통일을 못 이루고 있다. 따라서 관리가 어렵고 직원지주제도를 실행하는 기업들은 회사법, 증권법 및 일부 지방 법규와 조례를 제외하고 통일적으로 따를 준거법이 없어 혼란스러운 국면에 처해있을 수밖에 없다. 또 미국이나 한국의 경우를 보면 법률과 정책으로써 직원지주제도를 받쳐주는, 기업과 직원에 대한 세제상의 혜택이 있지만 중국은 아직 이러한 면에서 선진국에 비해 다소 뒤떨어지고 있다.

2. 전문적인 관리조직의 부재

직원지주제도의 실행에서 직면하게 되는 또 하나의 가장 직접적인 문제는 직원의 인원수가 많고 보유하는 주권의 비례가 상당히 작아서 직원이 주주로서의 권리를 행사하는 데 어려움을 겪고 있는 것이다. 때문에 직원지주제도를 실행하는 국가들의 경우를 볼 때 일반적으로 신탁회사거나 금융기관 등 전문적인 관리기관에 직원주식에 대한 통일적인 관리를 맡기는 반면 중국은 통일적인 입법이 없는 만큼 그 관리방식도 분산되어 있다. 과거에는 직원지주회를 설립하여 주식을 관리하는 경우가 많았지만 법률규정상의 충돌로 인해 직원지주회가 더 이상 독립적인 법인의 자격을 취득하지 못하고 단지 기업 내의 기관으로 되면서 그 관리자도 기업 내부에서 선정하게 되었다. 때문에 이러한 관리자는 일반적으로 전문가로서의 자질이 부족하여 직원의 이익을 제대로 대표하기가 어렵다. 또 일부는 공회가 주식관리자로서의 역할을 하는데 공회 역시 전문적인 기능을 수행할 수 있을지가 미지수일 뿐만 아니라 또 현실적으로 볼 때 공회는 그 정치적 색채가 비교적 짙어 합리적으로 직원의 이익을 보장할 수 있을지도 확인된바 없는 것이 사실이다. 하여 근년에는 증권기관에 위탁하여 주식을 관리하는 추세가 상승세를 보이고 있으나 아직은 보편화된 방법이 아닌 것으로 보인다.

3. 주식취득의 불공정성 및 불합리성

현재 직원지주제도를 실행하는 국유기업의 상황을 보면 직원이 주식을 취득함에 있어서 일부 문제가 존재하고 있다. 우선, 대다수 기업은 주식을 배정함에 있어서 직원의 신분이나 직위에 따라 주식을 배정하며 따라서 기업이 주식을 직원에게 배정할 때 일부 직원만 배정받는 경우가 빈번히 발생하게 된다. 이는 미국이 일정 요건을 충족하면 직원지주에 참여할 수 있는 것과는 완전히 판이한 양상으로 전혀 제도의 공정성이 체현되지 못하고 있다.

그런가 하면 일부 기업은 직원지주제도를 단지 기업의 자본조달을 진행하는 수단 중의 하나로만 인식하여 직원의 자사주를 매입할 것을 강박하면서 직위, 월급, 기타 수입, 심지어는 해고로써 직원을 위협하는 일들도 다반사이다. 또 주식을 매입할 때 절대다수의 기업들은 직원으로 하여금 경제적 보상금으로 교환하거나 현금출자를 하도록 요구하고 있다. 하지만 현실적으로 볼 때 중국 국유기업 직원의 수입상황은 보편적으로 좋은 편이 아니며 대부분 직원들은 객관적으로 자사주를 매입할 경제능력을 구비하지 못하고 있다. 이런 상황에서 직원의 현금출자거나 보상금의 희생을 강요한다면 필연적으로 직원의 경제적 부담과 리스크를 가중시킬 것이고 나아가서 사회의 불안정을 초래할 수도 있다.

4. 직원주식의 유통문제

일반적으로 주식은 자유롭게 양수도할 수 있지만 직원주식은 그 특수성으로 인해 일정한 제한, 즉 주식에 대한 의무보류기간이 있다. 기타 국가의 입법을 보면 국가마다 서로 다른 보류기간을 규정하고 있으며, 이는 중국도 마찬가지이다. 다간 중국은 기업들이 각 지방성 법규의 규정을 따르고 있는데 그 규정내용이 지역마다 달라 유통조건이 통일되지 못한 상황이다. 이로써 서로 다른 지역의 기업은 서로 다른 방법을 취할 수밖에 없게 하였고 따라서 환경이 다름으로 인해 불공정한 경쟁을 야기할 수 있으며 특히 상장회사에 대한 이러한 영향이 확연하게 드러나고 있다.[34]

Ⅱ. 직원지주제도의 개선방안

1. 직원지주제도에 대한 명확한 인식

기타 나라의 직원지주제도에 대한 경험으로부터 볼 때 자본 소유의 분산과 부의 공평한 분배 등을 통해 경제민주주의를 실현하고 자본주의의 건전한 발전을 목적으로 하고 있으며,[35] 이러한 제도는 모두 관련 입법 및 세금우대정책을 기반으로 하여 그 발전을 이루고 있다. 그에 반해 중국 최초의 직원지주제도는 경제체제의 변화와 함께 출현한 제도로서 단지 기업개혁을 위한 수단 중 하나로 여겨졌었기 때문에 관련 법률 방면의 지지가 부족하고, 따라서 경제체제개혁이 심화되고 시장이 점차 성숙함에 따라 직원지주제도의 목적을 확실히 정리하고 직원지주입법의 중요성에 대해 명확히 함으로써 직원지주제도의 발전을 촉진해야 한다.

34· 陸軍, 앞의 논문, 26쪽.

35· 신범철, 앞의 논문, 61쪽.

2. 직원지주제도에 대한 입법

완전한 법률법규는 직원지주제도가 궤도에 오르도록 추진하는 중요한 수단으로서 면밀하고 통일적인 법률체계는 제도의 순조롭고 효과적인 실행을 보장할 수 있다.

따라서 현재 중국이 직원지주제도를 실행함에 있어서 가장 주요한 것은 관련 법률을 제정하여 시행하는 것인데 물론 직원지주제도에 대한 단독 법률의 제정을 추진하는 것이 가장 좋은 방법이긴 하지만 그 과정이 쉽지 않다는 것을 고려해 볼 때 일단 단계를 나누어 입법을 추진해야 한다. 우선 지방 입법들의 통일을 적극적으로 추진하며, 그와 동시에 그 입법들과 결합하여 시행할 수 있는 관련 정책을 제정한다. 이 부분의 입법이 어느 정도 완성되고 안정되었을 때 전문적으로 직원지주제도를 규정하는 법률의 제정을 고려할 수 있다고 본다. 그 내용은 직원지주제도의 목표, 원칙, 직원주식보유의 범위, 비례, 자본의 출처, 주권 행사 및 양도에 대해 구체적으로 규정함으로써 제도의 실행에 법적 보장을 제공해야 한다. 입법의 방식으로는 회사법에 직원지주에 대한 규정을 추가하거나, 단독으로 단행법을 제정할 수도 있다.

3. 관련 법률과 정책의 지원

직원지주제도의 실행에서 법률상의 보장뿐만 아니라 관련 정책의 지원도 빼놓을 수 없다. 예를 들어 미국의 ESOP가 순리로운 발전을 가져올 수 있었던 것은 직원퇴직소득보장법을 비롯해 세제 지원에 관련된 일련의 많은 입법과 정책을 통해 직원지주제도를 직접적 혹은 간접적으로 지원하고 있었기 때문이다. 중국은 아직 발전도상국가로서 직원의 수입은 기타 국가에 비해 상대적으로 제한되어 있고 국유기업은 또 개혁을 진행해나가야 하는 상황에서는 직원지주제도를 발전시키려면 국가가 세제 정책을 비롯한 관련 혜택을 내놓음으로써 기업과 직원이 직원지주에 적극 참여하도록 하는 것이 필요하다고 본다.

4. 전문기관의 통일적인 관리

기타 나라의 경우를 보면 통일적인 관리기관은 기업 내부의 관리기관과 기업 외부의 관리기관으로 나눌 수 있는데, 일반적으로 기업 내부의 가장 전형적인 관리기관은 직원지주위원회이고, 외부의 관리기관은 기업과는 서로 독립된 실체로서 주로 신탁투자회사가 그 역할을 맡는다. 중국의 상황을 보면 이러한 관리기관의 유형이 상당히 분산되어 있는바, 직원지주회로부터 시작하여 공회, 증권회사, 신탁회사 등 여러 가지 수단으로서 주식을 관리하고 있다. 때문에 우선적으로 이 분산된 주권의 실현방식을 점차 단일화하면서 그 전문성을 높이고 규범화된 관리기관을 형성하는 추세를 보이도록 해야 하며 궁극적으로 직원과 기업의 이익을 모두 보호함으로써 직원지주제도의 목표를 실현해야 할 것이다.

이에 고려해볼 수 있는 것은 직원지주에서의 신탁시스템을 강화하는 것이다. 신탁법은 이러한 면에서 법적 기반을 제공하고 있으며 직원지주에서 주권과 관련된 여러 법적 문제를 효과적으로 처리할 수 있다. 때문에 현재 통일 입법이 없는 상황에서 신탁은 우선적으로 선택돼야 할 수단의 하나이다. 신탁관계에서 신탁자가 직원 본인이 아닌 기업인 경우에는 계약에서 직원을 수익자로 지정하여 직원으로 하여금 신탁에서의 수익을 향유할 수 있도록 해야 한다.

5. 직원지주제도와 사회복지제도의 유기적 결합

미국을 비롯한 여러 국가들이 직원지주제도를 실행하는 목적 중 하나는 바로 이 제도를 하나의 복지제도로 활용함으로써 직원이 퇴직한 이후에서 일정한 수입이 있도록 보장하는 것이다. 비록 중국은 끊임없이 사회복지를 위해 힘쓰고 있지만 그 체계가 완비되어 있지 않고 경제적 기초가 박약한 관계로 사회복지문제는 여전히 해결되지 못하고 있으며 이는 사회의 안정에 영향주고 나아가 경제발전도 제약하게 된다. 만약 기업의 직원지주제도를 국가사회복지체계에 포함시키고 상응한 정책의 지원을 제공할 수 있다면 사회복지수단이 더 추가되어 제도가 풍부해질 뿐만 아니라 퇴직 후의 직원 수입도 증가할 수 있고 궁극적으로 전적으로 국가에 의존하여 사회복지를 진행하는 국면을 변화시킴으로써 사회복지의 질도 제고할 수 있다.

07 결론

각 국가는 오래전부터 직원참여제도의 중요성을 인식하고 있었고, 점차 각 국가의 실정에 맞는 직원참여제도의 체계를 형성하고 있다.

중국 역시 건국 전부터 국유기업에서는 직원의 민주관리가 실행되고 있었으며 직원대표대회제도는 중국의 전통적이고 대표적인 직원참여제도로 자리 잡게 되었다. 이는 중국의 국가 성격에 의해 결정된 것이며, 특히 국유기업은 그 사회성을 가장 잘 반영하는 기업으로서 국유기업은 예로부터 비교적 적극적으로 직원의 민주참여제도를 실행하고 있었다. 이후 경제체제개혁과 국유기업개혁을 거치면서 현대기업제도를 수립하기 시작하였고 국유기업에는 재산권구조와 기업의 유형을 비롯한 천지개벽의 변화가 생겼으며 점차 현대기업으로서의 면모를 갖추게 되었다. 이러한 변화를 겪으면서 국유기업은 전통적인 직원대표대회제도를 제외한 새로운 직원참여제도인 직원이사 · 감사제도와 직원지주제도를 실행하게 되었고 이 세 개의 제도를 주축으로 한 직원참여제도의 체계를 형성하였다. 하지만 이러한 제도들은 실제 운영에 있어서 모두 어느 정도 현실적인 문제점에 직면하고 있다.

특히 기업개혁을 거치고 현대 기업지배구조를 수립하면서 원래의 기업지배구조를 구성했던 직원대표대회는 비록 여전히 직원이 민주권리를 행사하는 가장 기본적인 방식이지만 현재로서는 단지 기업결정에 대한 토론을 진행하고 의견을 제시할 수 있는 데 그치고 있어서 지위와 작용은 예전에 비해 크게 제한되었다. 또한 그 권리에 대한 규정도 상당히 모호하며 전에 비해 직원들의 관심과 참여의 정도도 점점 낮아지고 있다. 따라서 어찌 보면 직원참여제도들 중 직원대표대회는 비록 그 시행범위가 가장 크지만 실제로 기업경영과 관리에 참여할 수 있는 정도는 가장 낮다고 할 수 있다. 물론 여전히 직원대표대회의 중요성을 인식하고 대회를 정기적으로 소집하며 직원의견의 수용과 그 후속적인 집행에도 신경씀으로써 기업경영에 대한 직원참여를 실행하고 있는 기업도 있다. 하지만 전반적으로 놓고 볼 때 이러한 기업은 소수에 속하며, 이러한 기업에서 직원대표대회제도가 효과를 볼 수 있었던 이유로는 경영자가 직원대표대회제도를 중요시한 것이 가장 컸다. 이로써 사실 직원대표대회제도가 효과적으로 실행될지 아닐지는 현실적으로 경영진의 재량에 달렸다는 것을 알 수 있다. 사실상 가장 중요한 직원참여제도인 직원대표대회제도의 실효성이 단지 기업의 경영진에 의거한다는 것은 아무리 봐도 긍정적인 상황이라고 보기는 힘들다.

또한 국유기업개혁을 진행하면서 출현한 직원이사 · 감사제도와 직원지주제도는 직원대표대회제도에 비해 그 발전역사가 상당히 짧아 지금도 여전히 탐색기간이라고 할 수 있고, 특히 직원지주 제도는 관련 법제가 성숙하지 못한 시기에 출현하여 제도에 대한 규제라든지 사람들이 제도에 대한 인식이 모두 결핍한 상황이며 아직도 많이 개선이 필요한 상황이다. 때문에 이러한 제도들은 확실히 현재로서는 기대했던 역할을 제대로 못해내고 있는 것이 사실이다.

따라서 본 논문은 실제 사례와 결합하여 이러한 제도들의 현황과 문제점을 제기하였고 미흡하나마 제도를 개선할 데 관한 일부 제안을 제기하였는데, 그 중 가장 근본적인 해결방법은 바로 입법의 개선이다. 직원대표대회의 지위와 권한을 명확히 함으로써 현 기업지배구조사이의 충돌을 완화시키고, 직원이사 · 감사제도의 적용범위를 확대하고 제도적용에 있어서의 구체적인 사항 모두 입법을 통해 개선할 수 있는 점이다. 특히 아직 통일되고 규범화한 법률규정이 없는 직원지주제도로서는 입법의 필요성이 더욱 간절하다.

오늘날 중국에서 직원참여제도를 실행하는 것은 더 이상 정치적 이유만이 아닌 현대 회사법의 요구로서 현대기업제도 하에서 직원참여제도를 구성하는 것은 필연적인 결과이다. 따라서 중국은 외국의 경험과 당국의 실정을 종합적으로 고려하면서 끊임없이 직원참여제도에 대해 개선을 진행하며 완전한 입법을 촉진하면서 국유기업의 발전, 나아가 국민경제의 발전을 도모해야 할 것이다.

참고 문헌

◆ 한국문헌

[연구논문]

고재종, 「중국 국유기업의 민영화 개혁을 중심으로」, 『평화학연구』 제14권 5호, 2013.

권혁재, 「중국 회사법상 종업원 경영참가제도 연구」, 『국제지역연구』 제9권 제2호, 2005.

김인식, 「중국 국유기업과 한국 공기업 개념의 비교 연구 – 양국 현행법 규정을 중심으로」, 『중국연구』 제64권, 2015.

金弘植, 「우리사주조합의 우호적 제3자(White Knight)로서의 활용방안 – 미국법상의 ESOP와의 비교를 중심으로」, 『商事判例研究』 第20輯 第3卷, 2007.

송인방 · 許文日, 「중국 국유기업의 개혁에 따른 정부역할」, 『기업법연구』 제21권 제1호(통권 제28호), 2007.

신범철, 「미국 ESOP의 고찰과 시사점」, 『임금연구』, 2004.

원인성, 「우리사주제의 경영성과에 관한 연구」, 『산업경제연구』, 2012.

이명철 · 김영갑, 「미국의 ESOP와 우리나라 종업원 지주제도에 관한 비교연구」, 慶星大學校 商經研究, 2000.

정용상, 「중국법상 국유기업의 회사화와 주식회사의 설립」, 『비교사법』 제10권 3호(통권 22호), 2003.

최형익, 「독일 노사관계의 구조와 동학: 공동 결정제를 중심으로」, 『국제지역연구』 제8권 4호, 2000.

◆ 중국문헌

[단행본]

史際春, 『國有企業法論』, 中國法制出版社, 1997.

『三中全會以來重要文獻選編』, 人民出版社, 1982.

徐曉松, 『公司法與國有企業改革研究』, 法律出版社, 2000.

楊雲霞, 『我國企業職工參與法律制度的系統分析』, 西北工業大學出版社, 2009.

王作全・馬旭東・牛麗雲, 『公司利益相關者法律保護及實證分析』, 法律出版社, 2010.

漆多俊, 『國有企業股份公司改組法律問題研究』, 中國方正出版社, 2003.

劉俊海, 『公司的社會責任』, 北京法律出版社, 1999.

陸雄文, 『民主管理』, 浙江人民出版社, 1997.

李立新, 『勞動者參與公司治理的法律探討』, 中國法製出版社, 2009.

劉連煜, 『公司治理與公司社會責任』, 中國政法大學出版社, 2001.

張榮剛 譯, 『所有權與控制－面向21世紀的公司治理探索』, 中國社會科學出版社, 1999.

陳宏輝, 『利益相關者的利益要求 : 理論與實證研究』, 經濟管理出版社, 2004.

王全興, 『勞動法學』, 中國法製出版社, 2003.

周超, 『職工參與制度的法律研究』, 中國社會科學出版社, 2006.

司徒功云・陳向東, 『職工持股計劃在中國的發展』, 中國經濟出版社, 2001.

遲福林, 『職工持股150問』, 外文出版社, 1998.

吳家駿, 『日本的股份公司與中國的企業改革』, 北京經濟管理出版社, 1999.

李曜, 『股權激勵與公司治理案例分析與方案設計』, 上海遠東出版社, 2001.

[연구논문]

昝淑珍, 『國有企業市場化與法律理念研究』, 北京經濟管理出版社, 2005.

馬旭東, 「公司職工持股法律探析」, 『青海民族學院學報』, 2000.

謝淑萍, 「我國國有企業治理結構改革研究」, 『商業經濟』, 2011.

胥燮, 「建立適合中國企業的職工持股制」, 『當代經濟研究』, 1999.

楊冬梅, 「職工董事職工監事制度立法現狀及前瞻」, 『中國勞動關係學院學報』, 2008.

楊波・張從華・段飛, 「國有公司股權結構與公司治理機制分析」, 『當代經濟研究』, 2000.

汪光武, 「勞動股份制 : 股份制與參與制的結合」, 『中外管理』, 1994.

王全興, 「職工參與制度探微」, 『中國勞動科學』, 1995.

殷昕, 「我國公司職工參與制度的立法現狀及發展構想」, 『法學之窗』, 2012.

張春霖, 「國有企業改革的新階段 : 調整改革思路和政策的若干建議」, 『比較』, 2003.

趙凌雲, 「1979–1999年間中國國有企業治理結構演變的歷史分析」, 『中南財經大學學報』, 1999.

曾娜, 「職工代表大會在公司中的地位和作用」, 『昆明理工大學學報, 社科版』, 2001.
陳琴琴, 「論我國公司職工持股中的若干法律問題」, 『法制與社會』, 2010.
陳寧, 「論職工信託持股制度及其實施過程中應該注意的問題」, 『工會論壇』, 2006.
陳向聰, 「職工參與概念探析」, 『福建政法管理幹部學院學報』, 2002.
蔡禾・李晩蓮, 「國有企業職工代表大會制度實踐研究 - 一個案例廠的六十年變遷」, 2010.
彭海瑋, 「關於'新三會'與'老三會'關係的探討」, 『法制與經濟』, 2014.
胡強仁, 「國有企業改革思路探索」, 『企業文化』, 2004.
黃群慧・余菁・王欣・邵婧婷, 「新時期中國員工持股制度研究」, 『中國工業經濟』, 2014.

[학위논문]
賈利霞, 「職工董事職工監事制度研究」, 中國內蒙古大學 民商法碩士畢業論文, 2007.
杜煒, 「國有企業法人治理結構完善之研究」, 西南政法大學 碩士學位論文, 2008.
陸軍, 「國企改制中的職工持股制度研究」, 清華大學 民商法碩士畢業論文, 2007.
李軍強, 「公司職工參與制度研究」, 中國西南政法大學 碩士畢業論文, 2005.
李文娟, 「我國國有企業員工持股制度的應用研究」, 首都經濟貿易大學 碩士學位論文, 2014.
卞廣磊, 「職工參與制度的法律研究」, 中國政法大學 碩士畢業論文, 2010.
楊歡亮, 「職工持股在中國的發展」, 四川大學 博士學位論文, 2004.
趙娜, 「試論我國職工代表大會制度的完善」, 中國吉林大學 公共管理碩士畢業論文, 2004.

◆ 서양문헌

[단행본]
Gregory K. Dow, *Governing the Firm-Workers' Control in Theory and Practice*, Cambridge University Press, 2003.

◆ 주요 법령

중국 헌법中國憲法, 1982.
중국 회사법中國公司法, 2013.
전민소유제공업기업법全民所有制工業企業法, 1988.
중국 공회법中國工會法, 2001.
중국 신탁법中國信託法, 2001.

전민소유제공업기업직원대표대회조례全民所有制工業企業職工代表大會條例, 1986.

이사회시범 국유독자회사의 직원이사에 대한 관리방법(시행)國有獨資公司董事會試點企業職工董事管理辦法(試行), 2006.

이사회시행중앙기업의 직원이사 직책이행에 대한 관리방법董事會試點中央企業職工董事履行職責管理辦法, 2009.

중화 전국 노동조합 총연합회가 직원이사・감사제도를 진일보 추진할 데 관한 의견中華全國總工會關於進一步推行職工董事・職工監事制度的意見, 2006.

주식회사규범화에 대한 의견股份有限公司規範意見, 1992.

지정대상에게 주식을 발행한 주식회사의 내부직원지주관리규정定向募集股份有限公司內部職工持股管理規定, 1993.

국유기업의 직원지주 및 투자의 규범화에 관한 의견關於規範國有企業職工持股・投資的意見, 2008.

신탁투자회사관리방법信託投資公司管理辦法, 2006.

아 시 아
태평양법
연구시리즈 4

중국 국유기업의 직원참여제도에 관한 고찰

초판1쇄 발행 2017년 12월 22일

지은이 전안영
펴낸이 홍기원

총괄 홍종화
편집주간 박호원
편집 · 디자인 오경희 · 조정화 · 오성현 · 신나래
김윤희 · 이상재 · 김혜연 · 이상민
관리 박정대 · 최기엽

펴낸곳 민속원
출판등록 제18-1호
주소 서울 마포구 토정로 25길 41(대흥동 337-25)
전화 02) 804-3320, 805-3320, 806-3320(代)
팩스 02) 802-3346
이메일 minsok1@chollian.net, minsokwon@naver.com
홈페이지 www.minsokwon.com

ISBN 978-89-285-1117-4 94360
SET 978-89-285-1113-6

이 도서의 국립중앙도서관 출판시도서목록(CIP)은
서지정보유통지원시스템 홈페이지(http://seoji.nl.go.kr)와
국가자료공동목록시스템(http://www.nl.go.kr/kolisnet)에서 이용하실 수 있습니다.
(CIP제어번호 : CIP2017033406)

책 값은 뒤표지에 있습니다.
잘못된 책은 바꾸어 드립니다.